洪海里 시인

그림 · 전선용 (시인)

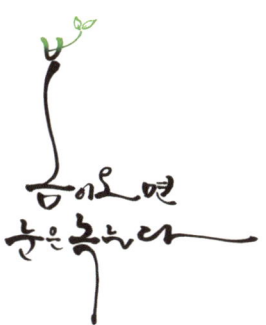

숨이오면
눈은녹는다

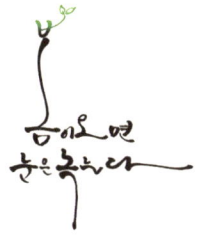

홍해리 시집

시인의 말

『봄이 오면 눈은 녹는다』
- 치매행致梅行 3집

갈 길이 멀고
할 일이 많아
뒤돌아볼 시간이 없다.

詩답잖은 허섭스레기를 끼적거리느라
아내를 돌보는 일에 소홀하지 않았는지.

그래도
소용없는 일이다
아내는 홀로 매화의 길을 가고 있다.

봄이 오면 눈은 녹는다.

2018년 가을에
북한산 골짜기 우이동 세란헌洗蘭軒에서,

洪海里 적음.

■ 차례

시인의 말

오늘은 눈썹도 천근이다 – 치매행·231 • 17
다리 • 18
시작詩作 • 19
눈사람 • 20
밥과 입 • 21
한심한 봄날 • 22
만찬 • 23
깊고 멀다 • 24
눈물 부자 • 25
꽃과 별 – 致梅行·240 • 26
화답 • 27
약 • 28
세탁하면서 • 29
세월 • 30
「꽃에게」 후편 • 31
따로식구 • 32
풀이라는 이름으로 • 33

가장 좋은 말 • 34
몸 • 35
풍경 – 치매행·250 • 36
늦늦가을 • 37
아내에게 • 38
동짓달 • 39
늙은 소 • 40
짜장 짬뽕 • 41
쬐끄마한 사랑 • 42
아흔아홉 • 43
한여름날의 꿈 • 44
맑은 적막 • 45
한천寒天 – 致梅行·260 • 46
세월이 약이니까 • 47
죄받을 말 • 48
금쪽같은 • 49
마지막 편지 • 50

밑이 빠지다 • 51
씹어 삼키다 • 52
이제 그만 • 53
멍하다 • 54
늙마의 길 • 55
늙마의 노래 – 치매행 · 270 • 57
늙마의 집 • 58
못할 말 • 59
병실 풍경 • 60
환청 또는 이명 • 61
병실 풍경 또 하나 • 62
아내여 아내여 • 63
저무는 추억 • 65
부끄럽다 • 67
깜깜절벽 • 69
씹는 맛이 있어야지 – 致梅行 · 280 • 70
침묵의 나라 • 71

이중국적자 • 72
초겨울 풍경 • 73
돌아보다 • 74
왁자지껄 • 75
아내의 봄 • 76
귀뚜라미 • 77
할 말 없음 • 78
낼 모레 동동 • 79
사과를 깎으며 - 致梅行 · 290 • 80
쓸쓸한 비 • 81
그믐밤 • 82
겨울이 오기 전에 • 83
한치 앞이 어둠 • 84
단풍을 보며 • 86
하루 • 88
대표작 • 89
귀를 비우다 • 90

일지 • 92
으으응! - 致梅行 · 300 • 95
환영과 환청 • 97
몸과 마음 • 98
칫솔 • 100
아무것도 해 줄 수 없네 • 101
내 탓 • 103
잘 놀자! • 104
간병 • 106
아내의 날개 • 108
봄이 와도 꽃소식은 없고 • 110
눈의 말 - 致梅行 · 310 • 111
끝나지 않은 전쟁 • 112
마지막 여행 • 114
울컥 • 115
레미콘과 워낭 • 117
쪽잠 • 119
치매쇼 • 120

마지막 나들이 • 123
이 막막함이라니! • 125
생각해 보면 • 127
한평생 - 致梅行·320 • 129
무제의 세월 • 130
아내의 지우개 • 132
죽음보다 편한 잠 • 133
아내가 말을 했다 • 134
소통과 불통 • 136
눈으로 하는 말 • 138
내 안의 감옥 • 139
비경秘景 • 141
호반새 • 142
무심중간 - 致梅行·330 • 144

간병 일지 • 145

발문 | 임채우
촉도난蜀道難 • 161

오늘은 눈썹도 천근이다
- 치매행致梅行 · 231

나이 든 사내
혼자 먹는 밥.

집 나간 입맛 따라
밥맛 달아나고,

술맛이 떨어지니
살맛도 없어,

쓰디쓴 저녁답
오늘은 눈썹도 천근이다.

* 시 「치매행致梅行」 1번부터 150번까지는 도서출판 황금마루에서 시집 『치매행致梅行』(2015)으로 엮고, 151번부터 230번까지는 도서출판 움에서 『매화에 이르는 길』(2017)로 묶어 세상에 내보내고, 이번에 231번부터 330번까지를 『봄이 오면 눈은 녹는다』로 모아 선뵌다. - 隱山

다리
― 치매행致梅行·232

사람은 몸에 옷을 맞추지만
때로는 몸을 옷에 맞추라 한다.

짧은 다리는
긴 다리보고 맞추라 하고,

긴 다리는
짧은 다리한테 맞추라 한다.

짧거나 길거나 다를 것이 없는데
우리는 다른 것을 내 것에 맞추려 든다.

아내여, 우리는 그렇지 않았던가
말없이 누워 있는 아내에게 묻노니.

시작詩作
― 치매행致梅行 · 233

집어등만 밝히면
물고기 떼로 몰려와
그냥 퍼내면 되는 줄 알았지만

밤새도록 불빛만 희롱,
희롱하다 돌아간 자리

눈먼 고기 한 마리 없는
한평생이란
텅 빈 백지 한 장

구겨지고 찢어져
바람에 날리고 있네.

눈사람
― 치매행致梅行 · 234

사랑은 눈사람
겨울 가고 봄이 오면,

슬그머니
목련 가지 끝에 앉아 있다.

연인들은
목이 말라 사막을 헤매지만,

겨울이 가고 나면
나뭇가지마다 꽃을 다는데,

아내의 나라에는 봄이 와도
내리 눈만 내려 쌓이고 있다.

밥과 입
– 치매행致梅行 · 235

사람은

밥이 입으로 오고,

짐승은

입이 밥으로 간다.

밥을 떠먹는 나는 사람인가,

짐승인가?

밥을 떠넣어 줘도 "싫어, 싫어!" 하는

아내는 사람인가 아닌가?

한심한 봄날
― 치매행致梅行 · 236

흘러가라, 물!
고여 있으면 썩는다.

바람아!
구멍을 만나 피리를 불어라.
울지 않으면 죽는다.

돌멩이도 취해서
애를 배는 봄인데,

아내여!
가고 싶은 곳이 있으면 가고
먹고 싶은 것이 있으면 먹고!

만찬
― 치매행致梅行 · 237

삶은 감자 한 알
달걀 한 개
애호박고추전 한 장
막걸리 한 병.

윤오월 초이레
우이동 골짜기
가물다 비 듣는 저녁답
홀로 채우는 잔.

깊고 멀다
― 치매행致梅行 · 238

정은 깊어야 포근하고
깊으면 소리가 나지 않는다.

그리운 것은 멀리서 반짝이고
별은 멀어서 그립다.

그래서
사랑이다.

하여,
그리 깊고도 먼 것인가, 아내여!

눈물 부자
– 치매행致梅行 · 239

내 몸이 물이었구나
내 눈이 샘이었구나

나이 들면 눈물이 흔해진다더니
보는 것 듣는 것마다 날 울리네

딸을 시집보내면서 울고
친구가 먼저 떠나가 울고

"울지 말자, 울지 말자!" 하면서도
말없이 누워 있는 사람 보며 또 우네!

꽃과 별
― 치매행致梅行·240

꽃을 노래하지 않는 시인이 있는가
별을 노래하지 않는 사람이 있는가

꽃을 아는 사람이 있는가
별을 아는 시인이 있는가

아낸 꽃을 쳐다보면서 꽃을 보지 않고
나는 별을 바라보면서 별을 보지 않고

지상에 꽃이 피어야 하늘엔 별이 뜨고
내가 봐야 꽃도 피고 별도 뜨는 것이니

아내도 한때는 향기로운 꽃이었고
내 어둔 하늘에 반짝이는 별이었다.

화답
— 치매행致梅行 · 241

1.
꾀꼬리가 왔다고 송홧가루 날리고,
휘파람새는 반갑다고 한 곡조 뽑고,
대밭의 죽순은 죽죽 치솟아 오르고,
바람은 새소리에 맞춰 몸을 흔들고,

2.
세상은 푸르게 서로 부르며 달려가는데,
자리에 누워 꼼짝 않는 아내는 대답이 없네.
꽃이 피고 새가 울고 대밭에 바람이 와도,
올해도 나의 봄은 치사찬란하기 짝이 없네.

약
― 치매행致梅行 · 242

먹어도 치료가 되지 않는 약을
아침저녁으로 먹입니다.

알약을 못 삼키니
유발에 갈아서 복용시킨 지 벌써 몇 년째,

오늘도 아침에 다섯 알
저녁에 여섯 알을 깨고 갈아 먹입니다.

내일은 매화꽃이 피겠지 하며
억지로 먹이니 어디 꽃이 피겠습니까?

약은 약이고
꽃은 꽃입니다.

세탁하면서
– 치매행致梅行 · 243

어제는 세탁기를 세 번 돌리고
오늘은 다섯 번을 틀었습니다

빨랫감 무게에 허리가 휜 빨랫줄이 휘휘거리고
빨랫말미에 마르지 못한 빨래들 빈티가 납니다

그리도 내게 때가 많이 끼었나 봅니다
이제 날 세탁기에 넣어야 하겠습니다

아니, 빨랫돌 위에 놓고
빨랫방망이로 자근자근 내리쳐야 되겠습니다

아내가 병들고 나서 배운 세탁하는 일
돈 세탁이라도 할 수 있으면 좋겠습니다.

세월
— 치매행致梅行·244

  "별, 꽃, 달, 풀, 강으로 된
  한 편의 서정시이더니,

  자식, 연탄, 세금, 건강, 걱정의
  장편 통속소설이 되었다."
   — 졸시 「아내」, 『대추꽃 초록빛』(1987) 전문.

지금은 와불이 되어
세상에서 가장 평안합니다.

내일은 걸어 다니는 부처
말이라도 하는 바위가 되기를,

해가 뉘엿거리는 다저녁때
몸을 거누지 못하고 휘청댑니다.

「꽃에게」 후편
− 치매행致梅行 · 245

"아프다는 말 하지 마라.
그 말 들으면,
나도 아파 눈물이 진다."

− 졸시「꽃에게」,『비밀』(2010) 전문.

끝내,
아내는 꽃이 되어 누웠다.

내 눈에 눈물 날까,
말 못 하는 꽃,

아니,
말 않는 꽃!

따로식구
― 치매행致梅行 · 246

아내는 침대에서 밥을 받아 먹고
나는 홀로 쓸쓸히 슬픈 식사를 한다

살아 있는 밥이어야 맛이 있지
맛없는 병든 밥은 밥도 아니다

고봉밥도 적던 시절이 있었거니
이제는 두어 술 깨죽깨죽거리니

이것도 식사를 하는 것인가 몰라
식구란 끼니를 함께하는 사람인데

묻노니, 따로따로 먹는
우리는 한 식구인가?

풀이라는 이름으로
– 치매행致梅行 · 247

지레짐작하지 말고
풀! 하고 이름 한번 불러 보라.

아무 의미 찾지 말고
잠깐 멈춰 서서 풀이 되어 보라.

나도 한 포기 풀로
네 옆에 있고 싶다.

아내여, 우리도 풀이 되어
풀꽃이나 피우다 가자.

가장 좋은 말
– 치매행致梅行·248

세상에 힘들지 않은 사람 없고
걱정거리 없는 집 없다는 말

그래 너도 힘들지
내가 힘든 만큼 너도 그런데

이걸 가지고 내가 힘들다 해서야
아니야, 고맙지 해야지

이만한 것만도 다행이야
옆을 봐 너는 아무것도 아니야

그래, 그래서 사는 거야
그게 인생이야!

몸
- 치매행致梅行·249

세월을 버리면서

채워가는

헛재산.

쌓고

또

쌓아 올려도

무너지고 마는 탑.

풍경
— 치매행致梅行 · 250

폐선이 다 된 배가 둥둥 떠 있다.

고요한 바람에도
잔잔한 파도에도

이리저리 흔들리는 목선 한 척,

어디로 가나
어디로 가나.

해는 지고 달도 없는 밤에,

어떻게 하나
어떻게 하나.

늦늦가을
― 치매행致梅行 · 251

상강霜降 지나
물 마른 옹달샘

물끄러미
내려다보는

사슴의 눈빛 같은
마음 하나

허공에 띄우고
홀로 가는 길

팍팍하고
막막한.

아내에게
– 치매행致梅行·252

물 마른 샘에는
고기가 살지 못 하듯이

죽은 나무 가지에는
새가 깃들이지 않듯이

파투난 노름판에
개평꾼도 사라지나니

있이 사나 없이 사나
살아 있어야 제왕일러니

첫눈 내리는 날에는
너나 나나 열일곱이 되자.

동짓달
— 치매행致梅行 · 253

풀벌레 노랫소리 어느새 잦아들고,

빈 들녘 돌아가는
발길마저 가볍구나.

참나무
우듬지마다
겨우살이 퍼렇고,

우리 삶의 흔적이 끈끈한
지금 여기 아니라
머잖아 가야 할 그곳에 있을까
영원이란 것?

늙은 소
– 치매행致梅行·254

기댈 언덕 하나 없고
비빌 나무 한 그루 없는,

늙은 소야, 늙은 소야
덕석도 못 걸친 늙다리야.

배때를 쳐라
배때기나 쳐.

노랑회장저고리 입고
노량으로 노량으로,

제 몸도 가누지 못하는 소야
그늘이 없어 영혼도 빈 소야!

짜장 짬뽕
- 치매행致梅行·255

비 오는 날이면 자장면이 먹고 싶다
짜장면 먹으면서, 짜장, 자장면처럼 울고 싶다

장마철이면 무릎 뼈마디 사이
전쟁이 한창, 천지가 질척질척한데

목구멍은 갈증으로 타는
팍팍한 사막이다

장마로 하릴없이 젖어 있는 하늘
마른 모래가 하염없이 흘러내린다

칼칼한 햇살이 화살처럼 쏟아졌으면 싶은
비 오는 날이면 짬뽕 국물같이 울고 싶다.

쬐끄마한 사랑
– 치매행致梅行 · 256

애기똥풀이 향기롭게 웃고 있다
먹고 싸고, 먹고 자는,

스스로 슬픔을 키우는 것이
또는 기쁨이 되어 주려는 것이
차라리 지천이어서 환한 것일까

천년 하늘 아래 한 번 짓는 집인데
지구를 들어올리는 쬐끄마한 사랑
자글자글, 무량한 봄빛

환하다, 꽃천지
아내여, 우리 세상도 그러하기를!

아흔아홉
― 치매행致梅行 · 257

사랑은 기다리는 것,
구름이나 모래 위에 집을 짓는
운상누각雲上樓閣이든 사상누각沙上樓閣이면 어떠랴.

백百보다 아흔아홉[白]이 더 크고 깊다
흰색은 아무것도 없는 색이어서 온갖 색 다 들어 있다.

아내는 언제나 하양,
집을 지어도 백에서 하나 적은 아흔아홉 간을 지어라
사랑이란 그런 것.

아내는 오늘도 소리 없는 노래를 부르다 잠이 든다
멀다, 하염없다.

한여름날의 꿈
― 치매행致梅行 · 258

풋고추 날된장에 막걸리 한잔
원두막 소나기에 낮잠 한나절

아야라 한잔에 곯아떨어지니
이런 호사 또 어디 있으랴

조까지로 취했다 욕하지 마라
까짓 참외 수박 따가거나 말거나

아내여, 단 하루, 하루만이라도
양귀비 양귀비꽃처럼 피어나 보면

붉게나 붉게나 피어나 보면, 나
오감하겠네 참말로 오감하겠네.

맑은 적막
- 치매행致梅行 · 259

겨울 산은 높이가 있어 맑기 그지없고
깊이가 있어 적막하기 짝이 없다.

다 내려놓은 나무들
산을 꼭 껴안고 있어 산은 춥지 않다.

천년이, 만년이, 하루였으니
달빛은 얼마나 무량한가.

눈도 멀고 귀도 먹어
좌망坐忘하고 있는 겨울 산 올올兀兀하다.

어찌하여
사람은 나일 먹어도 그리 되지 않는가?

한천寒天
― 치매행致梅行 · 260

강을 안고 날아가는 쇠기러기야

오늘 밤은 내게 와서 고이 쉬거라

하늘가에 흘러가는 날개의 물결

기럭기럭 우는 소리 은하에 차다.

세월이 약이니까
– 치매행致梅行 · 261

철석같은 약속도
세월이 가면 바래지고 만다

네가 아니면 못 산다 해놓고
너 없어도 잘만 살고 있느니

세월 앞에 장사 없다지만
세월이 좀먹고 세월없을 때도
되는 일은 되는 세상

세월을 만나야 독이 약이 될까
색이 바래듯 물이 바래듯
세월이 약이 될까, 몰라.

죄받을 말
— 치매행致梅行 · 262

아픈 아내 두고 먼저 가겠다는 말
앓는 아내를 두고 죽고 싶다는 말

하지 말아야 하는데
해서는 안 되는데

내가 왜 자꾸 이러는지
어쩌자고 점점 약해지는지

삶의 안돌이 지돌이를 지나면서
다물다물 쌓이는 가슴속 시름들

뉘게 안다미씌워서야 쓰겠는가
내가 지고 갈, 내 안고 갈 사람.

금쪽같은
– 치매행致梅行 · 263

세월은 막무가내 흘러가는데
가는 데가 어딘지 알 수 없어

마음 열고 멀리 바라다보니
빛이 환하다, 꽃도 피었다

틈이 있어야 볕이 들고
귀가 열려야 파도가 밀려오듯

아내여, 입도 띠고 귀도 벌리기를,
금쪽같은 인생 감쪽같이 사라지나니

하루 종일 누워서 무슨 생각을 하나
매화 만발한 봄동산을 그리고 있나.

마지막 편지
― 치매행致梅行 · 264

마음 다 주었기로
할 말 없을까.

천금보다 무거운
물 든 나 뭇 잎 한 장 떨 어 진 다.

꿈이나 눈부실까
내 주변만 맴돌다,

아내는 지쳤는지
다 내려놓고 나서,

마지막 가슴으로 찍는 말
무언의 '할말없음!'

밑이 빠지다
- 치매행致梅行·265

아내가 알약을 삼키지 못해
막자와 유발乳鉢을 사왔는데

약알을 넣고 몇 번 찧고 빻다 보니
밑이 빠져 버렸다

쓴 약을 쓴 줄도 모르고 받아먹는 아내
"쓰지?" 해도 그냥 웃고 마는 아내

약이 쓴지 단지 아는지 모르는지
미주알고주알 밑두리콧두리 캘 것 없지만

바람 부는 날 밑싣개 타고 흔들리다 보니
어느덧 나도 밑 빠진 막자사발이 되었다.

* 막자 : 乳棒
* 막자사발 : 乳鉢

씹어 삼키다
– 치매행致梅行 · 266

평생 누굴 한번 씹어 본 적 없는데
아내는 음식물 씹는 걸 잊었습니다

남의 물건 꿀꺽해 본 일 없는데도
물 삼키는 것도 잊어 버렸습니다

내 마음이 내 마음이 아니라서
마음이 이내 무너지고 맙니다

눈시울이 뜨거워
소리없이 흐느끼다 눈물을 삼킵니다

마지막이라는 말
끝까지 간다는 것 …….

이제 그만
− 치매행致梅行 · 267

주변에서, 이제 그만,
아내를 요양시설에 보내라고 합니다

그러나 내가 나를 용서할 수 없어
그 말을 받아들일 수가 없습니다

살아 있는 것만도 고마운 일
곁에 있어 주는 것도 감사한 일

이제껏 해 준 게 아무것도 없는데
빈손으로 떠나보낼 수는 없습니다

참을 수 있을 때까지 견뎌내고
가는 데까지 함께 가겠습니다

"미안합니다!"

멍하다
– 치매행致梅行 · 268

"나, 나갔다 올께!" 해도
아내는 멍하니 올려다보기만 합니다

나도 물끄러미 내려다보다 돌아섭니다
아내의 말 없는 말을 번역할 수가 없어

나는 반역자처럼 아내 곁을 매암돌다
그 자리를 벗어납니다

집 안의 해인 '우리집 사람', 나의 아내여
어찌하여 내 뒷덜미도 쳐다보지 않는가

얼빠진 내가 허공에 떠서 흔들립니다
빛, 살, 볕이 없는 해가 지고 있습니다.

늙마의 길
– 치매행致梅行·269

나이 들어도 나일 먹어도
기쁜 것은 기쁘고 슬픈 건 슬픔이듯
늙어도 좋은 것은 좋고
싫은 것은 여전히 싫게 마련입니다
오늘 아내가 중환자실에 들었습니다
앵앵대는 구급차를 타고
당당히 한일병원에 입성했습니다
다섯 시간 동안 이런저런 검사를 받았습니다
환자는 의사의 실험대상입니다
이것을 해 보자 하면 따라야 하고
저것도 해야 한다면 어쩔 수 없습니다
두 아들과 며느리, 딸과 사위
빙 둘러싸인 채 모처럼 아내는 호강을 누렸습니다
다들 돌려보내고 나서
코에 끼운 관[tube]으로 저녁을 때우고
고롱고롱 잠이 들었습니다
혈액검사 소변검사 심전도 검사

CT, X-ray, MRI 촬영이 힘들었나 봅니다
병상 옆 긴의자에 나란히 누워
매화동산으로 산책을 나가다 보니
입원 첫날밤이 희붐하니 새고 있습니다.

늙마의 노래
− 치매행致梅行 · 270

아내를 병원에 두고 돌아와
그간 입었던 땀에 전 옷을 빱니다
이 옷을 아내가 다시 입을 수 있을까
생각하니 눈시울이 뜨거워집니다
또 입혀 줘야지 하며 빨래를 넙니다
아내의 껍질 같은 옷이 줄을 잡습니다
운동장을 가로지른 만국기처럼
하늘마당에 아내가 펄럭입니다.

늙마의 집
— 치매행致梅行 · 271

혼자 사는 집
반절은 빈 집

아내를 병원에 두고 온 날 밤
집의 반이 빈 반집이 되었다

단잠을 자던 집
잠도 달아나 버렸다

허공중에 맴도는 삶
아내는 어디로 가고 있는가

절반이 빈 집을 두고
말없이 어디로 가고 있는 것인가.

못할 말
– 치매행致梅行 · 272

이런저런 검사를 받는 동안
아파하는 아내
"참아, 참아!" 하는 말
차마 못 할 말.

"아파, 아파?" 물어도
아픈 줄도 모르는데
해서는 안 되는 말
"참아, 참아!"

다섯 시간 동안 검사를 받고 나서
녹초가 된 아내,

눈 감고 어떤 생각을 하고 있는지
무슨 생각을 하고 있긴 한 것인지.

병실 풍경
― 치매행致梅行 · 273

간병인 네댓이 모여 말꽃을 피운다

환자를 돌보는 일이 지겨워 죽겠다나
어느 병원은 이렇다나 저렇다나

환자야 아프다고 낑낑대든 말든
병실이야 떠나가든 말든

그러거나 말거나
떠들 만큼 떠들었으니

나는 잔다, 고로, 나는 간병인이다.

환청 또는 이명
– 치매행致梅行 · 274

병원에 온 지 엿새째
눈을 뜨고 멍하니 바라보는 아내
"나 알아, 나 알아 보겠어?"
"응!" 하는 소리 들릴락말락
환청인지 이명인지 내 귀를 울립니다
얼마 만에 들어보는 아내의 목소리인가
그만도 고마워 눈가에 이슬이 맺힙니다
작년 가을 귀가 차량에서 내리지 않으려
"왜, 왜, 왜 그래! 00년, 지랄하고 있네!"
그게 마지막이었습니다
올해 들어 입추도 지나고 말복도 지났습니다
하늘은 맑고 바람도 시원하니
올가을 아내의 입이 활짝 열려
욕이라도 한껏 내뱉었으면 좋겠습니다

"나쁜 놈, 네가 내 남편이야!"

병실 풍경 또 하나
– 치매행致梅行·275

"아야아, 아야, 아야, 나 죽는다!"
앞 병상 노파는 고래고래 소리 지르고

"내가 용돈이나 벌러 나왔지
사명감? 웃긴다, 웃겨!" 하는 간병인

환자야 잠을 자든 말든
저희들끼리 피자를 시켜 휴게실로 가고

제 부모라도 저럴까
지금쯤 휴게실이 들썩이고 있겠지

옆 병상에선 남녀가 깨를 볶는다
연인인지 부부인지 알 수 없지만

아파도 젊음이 좋긴 좋구나
금세 병실이 쥐 죽은 듯 적막하다.

아내여 아내여
− 치매행致梅行 · 276

어느새 성긴 머리 애처롭고

눈가에 지는 가선 가엽고 언짢아서

거친 피부 안쓰럽고

무디어진 두 손 보기 딱해서

푸석거리는 뼈마디 아프고

쓰리고 쑤시는 삭신 슬프고 서러워서

밤낮없이 두통으로 고생하는

너, 서러워서 나는 못 보네.

− 「정情 − 아내에게」 전문. 『비밀』(2010, 우리글).

이때가 '致梅行'의 시작이었다

한일병원, 삼성병원, 서울대학병원, 고려대학병원을 거쳐

다시 한일병원으로

2017년 8월 6일 구급차에 실려와

응급실, 중환자실, 일반병실로 옮겨 아흐레 만에 탈출,

먼 길을 돌아 돌아 집으로 왔다

아, 옛날이여!

저무는 추억
— 치매행致梅行 · 277

아내는 다 놓아 버렸습니다
밥이나 약을 먹는 것도
아니, 입을 벌리는 것조차
다 잊어 버렸습니다.

한때 맑던 정신, 주옥같던 기억까지
하나 둘 잃어 버리고 말았습니다
금빛 꿈은 다 어디로 날아갔는지
남은 은빛 인생은 어디다 두었는지.

속수무책인 남편이란 사내
종일 곁에서 뒷바라지하다 보면
하늘이 너무 무거워
눈을 감고 멍하니 서 있곤 하다,

"말 한마디 못하고
미소 한번 짓지 않아도

곁에만 있어 다오."

눈물 젖은 또 하루를 접습니다.

부끄럽다
- 치매행致梅行·278

"큰돈 처대 좋은 병원에 보냈는데
왜 자꾸 집에 가자는 거야!"
곱게 차려입은 꼿꼿한 어머니에게 내뱉는
잘난 딸년의 말에 가시가 돋쳐 있다

곧 이어 두 사람 앞에 검은 승용차가 멎자
여자는 차창 안으로 흰 봉투를 던지며
"이젠 오빠가 알아서 해!"
혀끝에 칼날을 번뜩이며 돌아서 간다

"엄만 왜 자꾸 집에 오려고 하는 거야!"
집에 있는 아내가 겁이라도 나는가,
헌칠한 사내 차에서 내려 하는 말
찌증이 도를 넘어도 한참 넘었다

그걸 지켜보던 여자 중학생들,
"저 죄를 어찌 다 받으려고 저럴까?

병원에 있다 그냥 죽으라는 거잖아!"
옆을 지나던 내가 찔끔, 먹먹하다.

깜깜절벽
— 치매행致梅行·279

아내여, 그곳에도 시간이 있긴 한 것인가
어딘가로 흘러만 가고 있는가
사랑과 관심에서 질투와 미련으로 이어지는
긴 여정을 돌고 돌아
침묵과 고독의 하루 하루로 이어지는 길인가
그곳도 꽃 피고 새가 우는 곳인가
아니면 연습과 훈련이 필요 없는 깜깜세상인가
길가에 버린 꿈을 찾으며 어디서 놀고 있는가
마음속 품고 있던 사랑의 집 한 채
어디다 버려두고 누워만 있는가

초야가 아니라도
꽃잠처럼 다디단 꿀잠에 빠져
내게 이리 깜깜절벽인 것인가
어찌 대답이 없는가, 아내여!

씹는 맛이 있어야지
– 치매행致梅行·280

음식은 씹는 맛인데
입 안에 음식을 넣지도 못하고
관[tube]으로 삼키는 맛
아내여, 무슨 맛이 있긴 있는가

이것도 식사라고 해야 하나
밥 먹는 거라고 할 수 있나
아내는 이러고 누워 있는데
아귀같이 먹고 마시는 나는 무엇인가

미안해, 미안하다 말만 만드는
어리석고 못난 지아비를 용서해 다오

아니, 용서하지 말아 다오
절대, 용서하지 말아 다오.

침묵의 나라
― 치매행致梅行 · 281

뭐라 하면 알아 듣는 것인지
눈을 끔벅끔벅 깜박이다 감아 버립니다

나를 원망하는 것인지
내가 불쌍하다, 한심하다는 것인지

종일 말 한마디 없는
아내의 나라는 한낮도 한밤중입니다

말의 끝 어디쯤인가
달도 오르지 않고 별도 반짝이지 않는

그곳을 혼자 떠돌고 있는 것인지
아내는 말 없는 말로 내게 속삭입니다.

이중국적자
— 치매행致梅行 · 282

"나 미워?" 하고 물으면
어김없이 "응!" 하고 고갤 끄덕입니다

"응!", "아니!", "싫어!", "왜, 그래!"
이것이 아내의 마지막 말이었습니다

한동안, 아니, 오랫동안
아내는 말이 없는 나라에 살았습니다

두 나라를 왔다갔다 하는 일
아무나 하는 것은 아닙니다

시작이 어디고 끝이 어디인지
땅 위에 발 딛고서도 알 수 없습니다.

초겨울 풍경
− 치매행致梅行 · 283

말 없는 나라로부터 소식이 올까
혹시나 하지만 온종일 대답도 없고

바람에 슬리는 낙엽, 낙엽,
나겹나겹 낮은 마당귀에서 울고 있다

내 마음 앞자락까지 엽서처럼 날아와서
그리움만 목젖까지 젖어 맴돌고 있지만

마음만, 마음만 저리고 아픈 날
솟대 하나 하늘 높이 푸르게 세우자

여린 날갯짓으로 당신이 날아온다면
나도 비인 가슴으로 기러기 되어

무작정 당신 곁에 가 앉아 있으리
하염없이 지껄이는 지아비 되리.

돌아보다
— 치매행致梅行 · 284

돌아보면 먼 길이었다
아주 길고 긴 세월이었다

할래발딱대던 하루 하루가 가고
허둥지둥거리던 시간도 지나가고

지옥의 한철을 멀리 돌아
지금은 침묵의 강이 흐르고 있다

가고 있는 길이 어디로 가는지
가는 곳이 어딘지도 모른 채

적막의 터널을 지나면
칠흑의 사막에도 해가 뜰 것인가.

왁자지껄
— 치매행致梅行 · 285

성탄 전야 명동 거리 인파처럼
흘러가는 쓸쓸함에 대하여

그립다는 것은 기다린다는 말이고
기다린다는 것은 그립다는 뜻이니,

기다릴 그리움이 없는 사람에게
쓸쓸함이란 소금 같은 것이어서
쓸쓸하지 않으면 간 안 맞는 세상,

그러니 세상아 사람아 그리고 사랑아
쓸쓸하라 쓸쓸하라 쓸쓸하라고
아내는 내게 가르치고 있는 것인가,

천수만 수천수만 새 떼 잠든 갈대밭
바람같이 서걱이는 쓸쓸함에 대하여.

아내의 봄
— 치매행致梅行 · 286

아직 봄도 오지 않은 광
물기도 없는 망사 속

뿌리도 내리지 않고
겨우내 잠들어 있던 마늘

벌써 파랗게 눈뜬 새싹들
아, 눈 시린 뼈들

이 무서운 전신 공양의 찬란한 모성애라니
어둠 속에서도 여린 싹을 틔우고 있었다니

꽃 피고 새 우는 봄이 와도, 어찌
아내의 나라에는 소식조차 없는 것인가

오지 않을 걸 알면서도 기다리는
봄, 아내의 봄이여!

귀뚜라미
- 치매행致梅行 · 287

입추가 내일 모레
갈 날이 머잖았다고

대낮에도 숨가쁘게 울어 쌓는
귀뚜라미 목이 하얗게 쉬었다

투명한 소리탑 한 층 더 올릴 심산인지
밤까지 울력이 한창

새벽녘 마당에 나가 보니
몇 마리가 땅 위에 나뒹굴고 있다

진력하다 힘이 다 빠져
마침내 혼이 뜨고 말았다

나도 귀뚜라미 곁에서 울다 보니
한평생이 다 새어 나갔다.

할 말 없음
— 치매행致梅行·288

이 말을 이제까지 두 번 써먹었습니다
시지詩誌에 신작특집을 할 때
'시작 노트'를 쓰라 하면
정말 할 말이 없어
"할 말 없음!"을 전매특허로 팔았습니다
하루 종일 망연히 누워 있는 아내에게
이런저런 말을 걸어도 묵묵부답!
이것저것 물어 봐도 눈만 껌벅껌벅!
한평생 쓰던 말이 물이 써듯 다 빠졌습니다
이것도 내 탓이지 싶어 할 말을 잃습니다

한가위라 아이들이 몰려와 엄마를 찾는데
달빛처럼 소려한 웃음이라도,
윤슬처럼 반짝이는 그리움이라도 보인다면
우리 곁이 환해져 왁자지껄한 명절이련만!

낼 모레 동동
― 치매행致梅行 · 289

낼 모레 동동하다 보면
속절없이 하루 해가 다 저문다
해가 진다고 우두망찰하지 말고
화살을 남에게 돌리지도 말라

금간 거울은 버리고
닁큼 손을 내밀어 칼을 잡아라
햇빛에 칼날이 빛나느니

새벽녘 새소리가 꽃으로 피어날 때
우정 모른 체하지 말고
다문다문 눈도 주고 귀도 열기를

오늘도 내가 내게 밥을 먹이고
내가 나에게 술을 마시게 하며
고립과 자유를 즐기기 위해
색바람에 마음먹고 길에 나서노니.

사과를 깎으며
― 치매행致梅行·290

햇볕이 내려와 얼마나 핥아 주었으면
이리 붉을까

바람이 와서 얼마나 쓰다듬었으면
이리 반짝일까

보이지 않는 손이 얼마나 주물렀으면
이리 둥글까

환한 가을날에는
배도 부르고 하늘도 참 고와서
내 사랑, 무장무장,
이렇게 눈멀고 귀먹어도 되는가 몰라라
이런 날, 스담스담,
아내 손잡고 과수원 길이라도 걸으련만.

쓸쓸한 비
— 치매행致梅行 · 291

가슴을 풀어헤치고
홀로 울고 있는
마당과부의 울음소리

저민 가슴 지쳐서
절뚝거리는
시린 영혼이 중얼대는 잠언처럼

추적추적
먼저 간 사람을 추적하고 있는
여린 발자국소리

얼굴 볼 수 있도록
옆에 있어 주는 것만도 고마워
마냥 젖고 있는 가을비.

그믐밤
— 치매행致梅行 · 292

텅 빈 가슴
배 한 척 띄우고
등대 하나 세웁니다

갈 길이 어디인지
하늘에 묻고
바람 따라 나섭니다

섬 하나 바다에 떠서
뱃고동에 귀먹고
등댓불에 눈멀었습니다

달도 없고
별빛도 사라진 섬
초하루도 그믐날, 그믐밤입니다.

겨울이 오기 전에
― 치매행致梅行 · 293

그대가 오기 전부터 나는 흥분했었네
그대의 고운 발목을 잡고 옷을 벗기고
시체에 달려드는 하이에나같이
때로는 독수리 떼처럼
살부터 내장까지 피 한 방울 뼈 한 개 남기지 않고
알뜰히도 먹어치웠네
가을은 아예 없었네.

산에는 낙엽이 지고 계곡엔 물이 말랐네, 이제
산에 오르기도 힘이 드는데
벗을 것 다 벗고 버릴 것 다 버려야지
적빈한 마음 하나로 깊은 잠에 들어야지
찬 이슬에 씻은 영혼,
푸른 하늘 흰 구름장과 가지 끝 까치밥 한 개
적막 속으로 침잠해야지 가을이 가기 전에.

한치 앞이 어둠
- 치매행致梅行 · 294

이제는 신발장이 주인을 찾지 않습니다
퍼니 놀면서도
구두 운동화 등산화가 늙어갑니다

옷장도 주인의 얼굴을 잊었습니다
줄줄이 걸려 있는 사시사철의 옷들
문도 열어 보지 않습니다

부엌도 주인의 목소리를 잃었습니다
소마소마 타오르던 불길도
숨을 놓고 말았습니다

뜰도 주인의 눈길을 피했습니다
노량으로 자라 피우던 꽃들
하나 둘 다 지고 보이지 않습니다

한치 앞이 거나한 어둠이라

몸 하나 거누지 못하는 아내의 내일
거늑한 겨울 저물녘이 짙어갑니다.

단풍을 보며
- 치매행致梅行 · 295

언제 연두였던가, 그냥 초록이었던가
아니 진초록이었던가,
묻지를 말라!

연두 속에 초록, 초록 속에 진초록을 품어
연두면서 초록이고 진초록이었느니,
사랑이 그렇지 않더냐!

번개 치고, 천둥 울고
벼락 때리는 것이 동시였나니
그렇듯 한평생이 한 순간이란 말.

저 고운 한 닢 단풍은
연둣빛 번개, 초록빛 천둥, 진초록 벼락이
빚어낸 한 생이니,

아내여,

사랑이란 한 송이 꽃

다 피우지도 못하고 마는 꽃이로다!

하루
- 치매행致梅行·296

오늘 하루도 열심히 숨을 쉬었다.

어긔야 어강됴리 아으 다롱디리!

대표작
– 치매행致梅行 · 297

나의 생은
미완성 작품일 뿐

땅 위를 내달리고
푸른 하늘을 날고
바닷속을 헤엄치다

갈피를 잡지 못하고
지근거리를 방황하다
빈 잔에 따르는 몇 장의 추억

생전에 쓰지 못할
나의 대표작은 꿈이요,
무지개!

귀를 비우다
- 치매행致梅行 · 298

아침부터 저녁이 낮이 아니고
저녁부터 아침이 밤도 아니다

아내는 귀를 비웠다
하얗게 시리도록 하염없이 피고 지는
말의 홍수에 떠내려온 삶
겸손과 배려와 인내와 절제의
칼집 같은 침묵의 자궁을 위하여
아내는 말없는 세상에서
댓잎의 귀를 아득히 밝히고
나비처럼 다가온 서늘한 바람
눈빛 그늘에서 길을 묻고 있는
자신을 설핏 허공에 묻고 있다

절절 이글대는 천의 바다를 지나
마음 다 내려놓고
설이雪異 분분粉粉한 겨울날, 아내는

소소昭昭한 해인海印으로 귀를 씻었다.

일지
– 치매행致梅行 · 299

꽃 피고 새 우는 평온한 작은 우주였다
누가 벼락 치는 일을 상상이나 했겠는가
꽃은 피면 진다는 것조차 모르는
세상은 다 평화였는데
'어느 날 갑자기' 라는 말,
그것 한마디 가르쳐 주려고
아내는 한쪽 머리가 아프다 했다
한일병원 강북삼성병원 서울대학병원으로
고려대학병원으로
마라톤 선수처럼 힘들고 지쳐왔지만
그래도 계속 달려야 했다
세월은, 세상은 참으로 바쁘고 빠르게 변해갔다
문을 부수고 뛰쳐나가려는 아내
현관과 대문에 잠금장치를 하고서도
뛰쳐나간 한 여자를 뒤따르며
뛰었던 두 시간은 내 생의 마지막 마라톤이었다
참 세월은 황홀한 연출가여서

금세 아내를 황금화가로 만들어 버렸다
아내는 날마다 벽에 벽화를 그려 대고
구석마다 수류탄을 숨겨 놓았다
아아 인생은 얼마나 재미있는 숨바꼭질인가
"무궁화 꽃이 피었습니다!"
"날 찾아 봐라!" 아무리 소리치고 유혹해도
보이는 것은 아무것도 없었다
그걸 누가 믿겠습니까 못 믿지요 아무렴요
주간요양센터라는 곳
말은 참으로 그럴 듯하지만
늘 계산이 앞서서 보기 좋지 않았다
환자가 아니면 왜 그곳에 가겠는가
환자를 쉽게 편하게 다룰 수 없으면
"미안합니다!" 그 한마디면 끝이었다
"나가, 나가!" 이게 우리의 현실이었다
아내는 다른 환자를 밀치는 일을 두 번이나 벌였다

그렇다고 내쫓는 것이 요양센터에서 할 일인가
쉬운 환자만 받아서 돈이나 벌자?
우리는 관리하기 쉬운 환자랑 놀겠다?
치매를 국가 차원에서 관리하겠다는 정부여
똑똑히 세상을 보고 제대로 정책을 펴라
형식적으로 눈에 보이는 시설 확충이 전부인가
환잘 돌보는 가족은 그것으로 끝이니
만세나 부르자, 치매 만세, 치매환자 만세!
치매의 힘은 너무 거셌다
밀치고 때리고 소리치고 울부짖고
한때는 시끄러운 세월이었다
이제 갈 길은 없다
적막의 세상이여
침묵의 세월이여
너무 짧고 길구나!

으으응!
– 치매행致梅行 · 300

그렇게 그렇게나

미웠나 보다

평생

내가 싫었나 보다

아내를 물끄러미 내려다보다

"나 싫어?"

"나 미워?"

해도 눈도 마주치지 않다가

"나, 나가?"

"나, 나가?"

"으으응!"

들릴락말락

어쩌다 새어 나오는

한마디

"으으응!"

환영과 환청
– 치매행致梅行 · 301

서울이 얼어붙었습니다

눈이 내리고 영하 18도

나도 시퍼렇게 곤두박질칩니다

아내가 침대에서 몸을 일으키는 게 보입니다

문 열고 나오는 발자국 소리 들립니다

아내의 손을 잡고

미끄러운 거리를 걸어다니다

포장마차 문을 밀치고 들어갑니다

금세 입도 따뜻하게 녹고

속까지 훈훈해져

마음이 다 풀렸는데

까짓 영하 날씨가 별것이겠습니까

따끈한 어묵과 소주 한 병의 어슬녘

아득하고 어둡고

그윽하고 멉니다!

몸과 마음
– 치매행致梅行 · 302

슬픔에 젖은 고요의 눈빛으로
올려다보는 아픈 눈망울을 내려다보다
내 눈에 그만 물이 맺히고 마네
아픔이 꽃이 되는 것은
겪으면서 견디고 기다린 세월의 힘이요
슬픔이 놀처럼 사라지는 건
마음을 열고 다 버린 연화年華의 덕이니
끝없는 미궁 속에서
대낮에도 길을 잃고 헤매는 것은
내 마음의 별자리가 멀어서일까
소금도 쉬는 세상인데
사람을 생각하는 것이 사랑이라 한들
어찌 내가 흔들리지 않겠는가
늦었다 생각될 땐 이미 늦은 것
지나고 나야 겨우 깨닫는
이 미련하고 비천한 나의 우둔함이여
궁싯궁싯 밤새도록 가슴에 안고 뒹굴어도

몸은 내 것이 아니고
더불더불 사람 사는 세상
내 마음이 갈 비단길은 보이지 않아라.

칫솔
— 치매행致梅行 · 303

칫솔통에 나란히 걸려 있는
칫솔 두 개

하나는 하루에 두세 차례 작업을 하지만
한 개는 종일 매달려만 있습니다

새것과 헌것이 조화를 이루고 있는 것인가
사람도 그렇다면 얼마나 좋으랴

내 것은 칫솔모가 닳아서 버려야 하는데
아내 것은 아직도 새것입니다.

아무것도 해 줄 수 없네
- 치매행致梅行 · 304

무엇을 어떻게 해 주면 좋겠는가
아내여!

어둠의 긴 터널을 지나며
애처롭고 안쓰러워
마음은 다 찢어지지만

내가 할 수 있는 일
아무것도 없구나

기저귀 갈아 주고
얼굴 씻어 주고
옷 갈아입히고
환자식 떠먹이고

바라다보면
눈만 깜박깜박할 뿐

내가 해 줄 수 있는 게 없다니
아무것도 해 줄 게 없다니.

내 탓
– 치매행致梅行·305

아내는 안의 해
집안의 태양인데

남편이란 자
혼자 놀았네

밤낮없이 술[酒]비 내리고
난蘭바람 불고
시도 때도 없이 천둥 번개와 함께
시詩벼락 때렸으니

어찌
안의 해가 빛날 수 있었으랴

아내가 와불이 되다니
아 내 탓이로다, 내 탓!

잘 놀자!
– 치매행致梅行·306

올 한 해도 잘 놀자 놀아 보자
'마지막 잎새'처럼 흔들리지 말고
떨지도 얼지도 말고
놀명놀명 대충대충 살아 보자
홈쇼핑 광고 시간처럼은 말고
뒤를 돌아보고 앞도 내다보며
슬픔과 후회, 불안과 우울도 날려 버리고
살아 숨 쉬고 있는 것만도 감사하지
좀 뒤에 가면 어때 늦으면 또 어떤가
둥근 식탁에 마주앉아
비빔밥이라도 만들면서
한판 걸게 웃음도 날리면 좀 좋으랴
희망도 한 숟갈 슬픔도 한 술
두려움도 그만큼 행복도 그만큼
고추장 팍팍 떠 넣은 다음
쓱쓱 비벼 눈물 나게 씹으면 살맛 나리니
좀 덜 치열해도 삶은 어차피 마찬가지

오늘은 둘이서 비빔밥이나 비벼 대며

살아 보자 잘 놀아나 보자

우리 집에도 어김없이 봄은 왔다!

간병
- 치매행致梅行·307

말도 못하고
몸도 움직이지 못하는 사람
어찌 남에게 맡길 수 있겠는가
엄두가 나지 않는 일,
마음속 깊이 갈앉은 돌덩이 하나
내가 들어낼 수밖에야

아픈 것도 모르고 누워 있는 사람도 있는데
힘든다는 말 하지 말자
식욕 부진
체력 저하
수면 부족
당연한 일 아닌가

제정신 아닌 날이 어찌 없으랴
어차피 혼자 겪다
무인도가 되어 고립된 채

삼수갑산 적막으로 어둠침침하나
가야 하는 길이 아니겠는가

가슴이 조여 들고
마음 한구석이 무너진다 한들
남은 시간 지켜 주고 싶어
곁에서 함께하자 하느니
어찌 화를 낼 수 있겠는가

두벌일하지 말자 해도
어둑새벽부터 시작되는 하루치
밤낮이 따로없이 끄느름합니다.

아내의 날개
― 치매행致梅行·308

난 당신에게 무엇인가
유리온실일까
황금감옥일까

함께 날 수 없는
반쪽 날개의
비익조比翼鳥일까

당신에게 희망이기를
가득찬 기쁨이기를
당신 또한 내게 그러하기를…,

유리새장을 떨쳐버리고
나오는 날이 있기를
창공을 날아 오를 수 있기를…,

꿈은 이루어진다지만

먼 하늘은 높기만 해서

오늘도 꿈만 꾸다 접습니다.

봄이 와도 꽃소식은 없고
– 치매행致梅行 · 309

맛깔진 배추김치 다 꺼내 먹고
김칫독에 그대로 남아 있는
우거지가 우거짓국이 되어
입마른 사람들의 입맛을 돋우는데
허연 골마지만 잔뜩 피어 있는
우멍거지 같은 내 영혼
남녘엔 청악매가 벌써 피었지만
어찌 여태껏 한겨울 적막강산인지
때로는 고목에도 꽃이 피는 세상
봄은 가고 오지 않는가, 아내여
한 해를 기다리면 명년엔 꽃이 필까
봄이 와도 꽃소식은 없고
때아닌 눈이 종일토록 내리퍼붓네
설이雪異 분분粉粉 설이 분분!

눈의 말
- 치매행致梅行 · 310

아내는 천의 말 눈으로 던지는데

나는 한 마디도 알아듣지 못하네!

끝나지 않은 전쟁
― 치매행致梅行 · 311

제 몸 하나 건사는커녕
어디가 아픈지도 모르는 사람
자식들에게 힘이 돼 주던
그 사랑 어디 두고 누워만 있는가
이름을 하나하나 잊어버리고
집으로 가는 길도 잃어버리고 나서
한밤중에도 뛰쳐나가려 들고
무작정 앞으로만 달려가던 여자
잠깐 한눈파는 사이
순식간에 어딘가로 사라져 버리고
밤마다 화장실 문을 수없이 여닫던
벽마다 벽화를 그려 올리던 당신
망상과 불안, 환시와 환청으로
기억을 다 지워 버린 다음
세상 슬픔을 다 눌러 담고
단절된 빈 바다에 홀로 누워
무인도가 되어 버린 아내여

내게 던지던 진한 욕설과 폭력은
포화와 포연으로 엮은 사랑타령이었는가
사는 게 전쟁이라는 말
하나 그르고 틀린 것 없다.

마지막 여행
– 치매행致梅行 · 312

얼마나 더 버틸 수 있으랴
봄바다로 마지막 여행이라도 가자
앰뷸런스 타고 가자
잔잔히 밀려오는 파도
멀리 걸려 있는 수평선
점점이 떠 있는 섬들까지
한번 보러 가자
가까운 곳에라도 가
추억이라도 한 자락 적어 놓자
막바지에 접어든 매화마을
봄이 왔다고 꽃도 피어나고
바람이 유혹하는데
마지막 여행의 기쁨을 노누지 못하고
에돌아 가는 길이 어디일까
이리 될 줄 미리 알았더라면
가슴속에 영혼의 둥지를 치도록
가까운 여행이라도 자주 갔을 것을!

울컥
— 치매행致梅行·313

뭔가 해 줘야 하겠는데
해 줄 게 아무것도 없습니다
아내 홀로 누워 있는 방
바람도 오지 않고
햇빛도 궁핍
별도 보이지 않습니다
고요와 적막
번갈아 와서 잠시 둘러보고
멍하니 바라다보다
죽음보다 더 무거운 슬픔 한 조각
더 얹어 주고
침묵을 가지고 놀다 물러납니다
가슴속 가라앉은 돌멩이 하나
도저히 들어낼 수 없어
말이란 바로 마음이려니 하지만
어두운 시간을 밝힐 말 한마디
나를 비껴가는지

허공중에 빈말 하나 떠돌지 않습니다.

레미콘과 워낭
― 치매행致梅行·314

레미콘은 ready-mixed concrete를 이르는 말,
워낭은 소의 턱밑에 달아 놓은 방울이다

시멘트와 골재를 미리 배합한 콘크리트를 운반하는
믹서차 또는 트럭믹서의 이름이 떠오르지 않았다
한참 머리를 쥐어짜도,
아무리 굴려 봐도 생각나지 않던 이름이
퇴근 길에 레미콘 트럭을 보자 퍼뜩 떠올랐다
다음 날 또 쥐 숨듯 사라지고
내 머리는 출렁이는 바닷속이 되고 말았다

저녁을 먹다 방울을 딸랑이며 집으로 돌아가는
정겨운 시골 풍경이 문뜩 떠올랐다
느릿느릿 걸어가는 소가 보이고
방울소리도 딸랑딸랑 들리는데
방울 이름이 영 생각나지 않아 밥맛 입맛

모두 집을 나가 버렸다
'이름이 뭐지? 소방울, 요령, 종, 요낭~~~?'
이러다 내 이름도 생각나지 않는 건 아닌지
어제와 오늘
시골과 도시
나는 지금 어디 있고 어디로 가고 있는가.

쪽잠
― 치매행致梅行 · 315

당신이 먼저 가고 나면
세상이 얼마나 막막황량하랴
봄은 왔는데 꽃은 피지 않고
바람만 거세차게 불어 닥치는
쪽잠으로 이어진 그제 어젯밤
내가 나에게 시중드는 일도 버거워
쓸데없는 순을 지르듯
잘라내야 하는 나날들이 아닌가
내가 먼저 떠나야지
금란계金蘭契 친구들도 하나 둘
먼저 떠나가 버리고
지상은 점점 넓어져 가고
머릿속 바람소리 홀로 우느니
이 생각 저 생각에 날이 새는데
쪽잠도 반쪽잠이 되어 날아가고 있네.

치매쇼
- 치매행致梅行・316

치매환자 모두 노인장기요양보험 혜택을 받게 한다고?
경증 환자에게도 적용한다고?
집에 있는 환자에게 기저귀 구입비를 대준다고?
요양시설 환자들에겐 식재료비를 지원하다고?

누가?
언제?
어떻게?
누구에게?

하루가 급하고 절실한 환자는 어떡하나
'치매 국가책임제'를 선포만 하면 할 일 다 한 것인가
정부의 실적 홍보를 위한 선심성 행사일 뿐인가
재원은 누가 대는데 수치만 갖고 놀고 있는가

갑갑하고 답답한 건 환자의 가족이다
나락에 빠져 간병 살인도 일어나는데
이 비극은 어떻게 끊고 막을 것인가
대책 없는 대책을 마련한 미련한 정부여

치매환자와 간병 가족을 고문하지 말라
달콤한 선심으로 현혹하지 말라
환자는 아픈 것도 모르는 채 살아 있고
간병인은 환자와 소리없이 죽어가고 있다

전세계의 환자들이여, 간병인들이여
초대하오니, 우리나라로 오십시오
대한민국 주최 치매쇼를 관람하시라
화려한 국가치매쇼를 감상하시라!

*1995년 세계보건기구(WHO, World Health Organization)

와 국제알츠하이머병협회(ADI, Alzheimer's Disease International)는 알츠하이머 예방과 관리의 중요성을 알리기 위해 매년 9월 21일을 '세계 알츠하이머의 날'로 지정했다.

　국제알츠하이머병협회(ADI)는 세계 전역에 있는 70여 개의 알츠하이머협회들을 대표하는 국제연합 기구이다.

마지막 나들이
― 치매행致梅行·317

지난여름 무덥던 날 오후
국립4·19민주묘지
연못의 황금잉어를 보았습니다
유유히 헤엄치는 모습을 본 게
쓸쓸한 마지막 나들이였습니다
별의별 일이 다 있는 세상이지만
가끔가다 우수리도 좀 있으면 좋으련만
에누리가 없는 삶이 우수마발 같아
알콩달콩 살던 때가 자꾸 그리워집니다
이제는 왼쪽 팔을 움직이는 것이 전부
온몸을 침대에 맡긴 채
허공으로 눈길을 던질 때마다
뭔가를 말하려는 듯 애절합니다
이럴 줄 알았더라면
이렇게 될 줄 알았더라면
하다못해 집 뒤 둘레길이라도 걸었을 것을
이제 와 생각하니 한이 됩니다

지금 어디쯤 걷고 있는가, 아내여!

이 막막함이라니!
– 치매행致梅行 · 318

이 막막함이라니!

눈을 떠도 막막하고
감아도 먹먹하다

어떤 소리 하나 오지 않고
들리지 않는다

밥도 오지 않고
배도 고프지 않다

옷을 입은들 어떻고
벗은들 어떠랴

첫눈도 내리지 않고
벌 나비도 오지 않는다

핵폭탄 안고 있는

무중력 상태의 나날이라니.

생각해 보면
− 치매행致梅行 · 319

생각해 보면 우리는
얼마나 하찮은 일에 감사하는가

보일 듯 말 듯한 작은 것에도
우리는 얼마나 고마워하는가

불 구경 물 구경 싸움 구경도
재미있지만

한번 반짝 빛을 내고 사라지는
반딧불이는 또 어떠한가

보이지도 들리지도 않는 것에
얼마나 우리는 넋을 놓는가

우리가 한평생을 사는 일 또한
그렇지 않은가, 아내여

'아무렴 그렇지 그렇고 말고!'

한평생
— 치매행致梅行 · 320

"짧다!"
"말해 뭘 해!"

"길다!"
"그럴 수도 있지!"

'쁨'과 '픔'은 하나
동전을 굴려 보라.

기쁨이든
슬픔이든

둘 중 하나로 끝이 난다.

무제의 세월
— 치매행致梅行 · 321

침묵만 펄펄 시퍼렇게 살아
고요하다, 적막하다, 허적하다,
침묵의 파편들이 파편들과 손잡고
먼지처럼 날아다닙니다
집 안을 말끔하게 집안닦달을 해도
침묵은 지워지지 않습니다
나는 침묵의 포로
그믐달처럼 울어도
별은 나오지도 뜨지도 않고
침묵의 파편만 반짝이고 있습니다
삶이란 사는 일, 살아 있는 일이라서
목숨이요, 생명이요, 생生이라 하는데
침묵은 삶인가 죽음인가
삶과 죽음은 하나인가 둘인 것인가
하루 하루가 허줄하니 길기만 합니다
해질녘 메밀묵 안주 삼아 한잔하면
사는 일도 무등 반짝일 것인가

갈 때가 언제인지도 모르고
버릴 때가 언제인지도 모르는
무제의 세월
아내가 가고 있는 매화의 길이여!

아내의 지우개
— 치매행致梅行 · 322

아내의 지우개는 성능이 탁월합니다
어느새 세상도 다 지워 버리고
세월도 깨끗하게 씻었습니다
어느 틈에 말도 말끔히 지워 버리고
생각도 이미 다 살라 버렸습니다
그리고, 그러고 나서
침묵의 집이 되어
멀뚱하니 누워먹는 애기부처가 되었습니다
이제는 지우는 일도 모두 잊었습니다
그걸 아는 나는 실큼한 생각에 젖어 있다
슬그머니 돌아서고 맙니다
잃어버린 그림자 같은 사랑과
잊어버린 걱정의 세월을 지나
하롱하롱 져버린 꽃잎이 되어
아내는 혼자 아파서,
아픈 줄도 모르고 누워 있습니다.

죽음보다 편한 잠
- 치매행致梅行 · 323

굽이굽이 서린 시름

가득 쌓인 내 가슴속

깊은 한숨만 소리 없이 샙니다

여우비에 여우볕만큼이라도

아니면

쥐 소금 녹이듯이라도

하루하루의 삶이

흐르는 물이었으면

바람이었으면,

하는 바람으로 오늘도

행군하는 마음으로

죽음보다 편한 잠을 청합니다.

아내가 말을 했다
- 치매행致梅行 · 324

아내가 말을 했다

이불을 덮어 주려고 하는데
아내가 말을 했다
손발 하나 까딱하지 못하는 사람
입도 벌리지 않는 아내
참으로 놀랄 일이다
이불자락을 올려 주려고 하는데
"괜찮아, 괜찮아!"
아내가 말을 했다
입을 다물어 버린 지 한 해,
한 해가 한해寒害/旱害처럼 지겨웠는데
답답하기 그지없었는데
이게 뭔 일인가

새벽 세 시, 꿈이었다
정신 번쩍 들어 벌떡 일어났다

창문이 희붐하니 밝고 있었다.

소통과 불통
- 치매행致梅行 · 325

한참을 들여다봐도
눈만 껌벅껌벅
나도 그에 맞춰 끔벅끔벅
햇볕이 작열하는 한여름
마음은 포탄이 되어 작렬하고
허공중으로 산산이 퍼지는
포연 같은 막막함
이건 안개 속에서 꽃 구경하기 아닌가
허니,
내 속이 어찌 속이겠는가
내 속이 날 속이겠는가
삶이란 때로는 들밥도 먹고
샛밥이 있어야지, 새참 이고 오는
아내는 얼마나 멀리 있어 들리지 않는가
나를 봐도 보지 않고 듣지도 않습니다
소리 지르지도 못하고
신호를 보내지도 않습니다

터널에는 끝이 있게 마련이지만
오늘도 소통이 없는 불통만 가득해
적막감옥에는 암흑이 되려 환합니다.

눈으로 하는 말
– 치매행致梅行·326

아내는 다 듣고 있는지도 모릅니다

문 여닫는 소리부터
인기척까지
늘 들려주는 유행가와
"잘 잤어, 배고프지!" 하는 말

이것으로 아내는 허기를 채우는지 모릅니다

울지 말자
슬퍼하지 말자
괴로워하지 말자

아내는 우리를 걱정하고 있는지도 모릅니다

깜박깜박!

내 안의 감옥
- 치매행致梅行·327

왜 이리 흔들리는 것인가

검은 감옥 속, 내가 지은 감옥 안
어제와 내일 사이에서, 아니

터널 속에서
처음과 끝 사이에서

감옥은 탈옥할 수 없지만
터널은 끝이 있는데 너무 깊고 멀다

무방비 상태의 수인은
늘 힘이 부친다

땅을 밟아 본 지 한 해가 지나
똑바로 서서, 아니 부축을 받고 서서

걸어 본 게 어디였는지
세상을 바라본 게 언제였는지

왜 이리 흔들리는 것인가.

비경秘景
- 치매행致梅行 · 328

온몸을 드러내고도 당당한 아내
부끄러울 것도 없지만
그래도 자식인데
아내는 무덤덤무덤덤 누워 있다
눈물이 말을 막는다
눈물이 눈물을 만든다
한 생각이 또 한 생각을 낳는다
사람이 그러면 못 써
그러면 안 돼 하면서도
그게 난데 어떡해 그럼
목이 메어 눈물을 쏟다
자끈동자끈동 깨어지는 비경.

호반새
― 치매행致梅行·329

젊은 날에는
세월이 빠르다는 생각을 하지 않았다
쌀이 곳간에 가득할 때
양식 걱정을 하지 않듯이

건강할 때
아플 것을 생각하지 않았다
내 속이 들여다보이지 않아
겁나는 게 아무것도 없었다

아내가 아파 눕고 나서야
비 오는 날
쪼로록, 쪼로록 우는 호반새처럼
나는 우노니, 허기지게 우노니

뒷모습이 추욱 처져서
수척한 그림자

질질 끌고 가는 저녁답

허기진 내 마음의 문을 닫노니!

무심중간
- 치매행致梅行 · 330

새벽에 잠을 깨는

적막 강산에서

남은 날

말짱 소용없는 날이 아니 되도록

깨어 있으라고

잠들지 말라고

비어 있는 충만 속

생각이 일어 피어오르고

허허 적적

적적 막막해도

달빛이 귀에 들어오고

바람소리 눈으로 드니

무등,

무등 좋은 날!

| 간병 일지 |

* 이 기록은 아내가 의사 표시를 할 수 없게 된 후에 3개월마다 약을 타러 갈 때 담당의사에게 건네준 참고자료임.

* 일지(2015. 08. 14.~2017. 11. 11.)
* 2015. 8. 14.~12. 31.
1. 8/14. 물건(손전화기, 리모컨, 등)을 주머니나 가슴에 넣고 달라 해도 주지 않고 화를 내며 달아나려고 함. 케어센터에서 귀가했을 때 보면 주머니마다 두루마리 휴지가 가득히 들어 있음.
2. 변기의 물을 내리지 않는 빈도가 잦아지고 뒤처리를 제대로 하지 않음.
3. 침을 뱉고, 여기저기 발라 놓는 일이 잦아짐(텔레비전과 컴퓨터 화면, 화장실 벽, 거실과 안방의 벽과 바닥 등에).
4. 자다 일어나 가만히 앉아 있는 경우가 가끔 있음.
5. 전에는 "세수하자, 손을 씻자," 하면 바로 응했는데 가

끔 반항하는 경향이 있음.

6. 벽화를 그리는 일이 점점 늘어나고 있음(화장실, 거실, 안방 등의 벽과 바닥에 떨어뜨려 놓고 발라 놓는 일이 올해 들어 다섯 차례 있었음. 설거지를 하는 동안이나 내가 화장실에 간 사이 순간적으로 일을 냄).

7. 약을 삼키지 않으려 함. 이제까지는 약 복용을 잘 했는데 오늘 저녁과 밤 두 차례 복용하지 않음(10/21). 감기약(캡슐)을 삼키지 못하고 뱉어냄(11/1).

8. 기분이 좋지 않거나 언짢은 말을 하면 화를 내며 밖으로 뛰쳐나가려고 함.

9. 휴지, 방석, 숟가락, 등을 거실에서 안방으로 던지곤 함(보지 않는 순간에 이루어짐).

10. 10/31(토). 케어센터에서 돌아와서부터 기운을 못 차리고 끙끙 앓음. 11월 1일(일)에는 식사를 하지 못해 죽을 쑤어 조금씩 먹음. 저녁에 대변, 소변을 제대로 보지 않고 요와 이불 등에 처리해 놓음.

11. 11/2(월). 아침에도 변기와 화장실 바닥과 요에 변을 잔뜩 묻혀 놓음. 아침에 보니 속옷과 바지에 변을 처리하지 못한 상태로 수면을 취했음. 옷과 이불 등을 네 차례 세탁함.

12. 케어센터에서 점심과 저녁 식사 시간이 전보다 길어

지고 식사를 잘 하지 못했다고 함. 저녁에 집에 왔을 때 바지까지 젖어 있고 변을 처리하지 못한 상태였음. 자리에 눕겠다고 억지를 부려 이불과 요를 버려 세탁기를 4번이나 돌렸음. 기저귀를 채우기 시작함.

13. 11/02. 팬티 앞뒤의 살이 뻘겋게 짓무르기 시작함. 11/03. 아침 식사를 하지 않으려고 함.

14. 11월 10일부터 설사가 멎고 식사를 조금씩 하기 시작함.

15. 아침에 대변을 보고 나서 사람이 옆에 붙어 있지 않는 순간에 변을 여기저기에 발라놓기도 하고 이불이나 방바닥에 버려 놓음.

16. 12/1. 센터에서 돌아와 기분이 영 안 좋음. 싫다는 말을 많이 함. 도우미 아줌마를 싫어하는 태도를 보임.

17. 12/10. 식사 후에 곧바로 누우려고 하는 경향이 있음. 이를 닦으려고 하지 않음.

18. 소대변을 가리지 않는 일이 잦아짐. 만지고 발라놓고 여기저기 몰래 떼어 놓음.

19. 12/22. 약 복용을 거부함. 감정 기복이 심하여 웃다 화내고 싫어하는 일이 반복됨.

* 2016. 01. 05.~12. 31.

20. 1/5. 거울 속의 자신을 보고 손을 흔들고 유리를 두

드리면서 "이리 와, 이쪽으로 와!" 함.

21. 1/10. 밖으로 뛰쳐나가려고 문을 마구 두드리고 흔들어 댐. 빨래 건조대를 밀쳐 파손시킴.

22. 1/19. 싫은 내색이 보이면 마구 욕설을 퍼붓는 일이 잦음.

23. 1/20. 저녁에 약을 먹지 않고 양치질을 하지 않음.

24. 1/21. 밤 1시, 2시에 화장실에 가고 나서 10분마다 계속됨. 5시에 대변을 보고 나서 10분마다 화장실에 감. 현관문을 열고 밖으로 나가려고 함.

25. 1/30~31. 아침에 흠뻑 젖은 기저귀를 갈지 않으려고 고집을 부림.

26. 2/4. 귀가 차량에서 내리지 않으려고 "에이 씨!. 안 가!, 싫어!" 하면서 때리고 소리치며 고집을 부림.

27. 2/10. 요즘 아내가 쓰는 말 : "응", "아니!", "어디 가는데?", "이리 와!", "싫어!, 안 가!" 등. 명사는 없음.

28. 2/11. 귀가 차량에서 내리지 않으려고 고집을 부림. 달래서 데리고 들어와서도 화가 난 듯 앉아 꼼짝도 않고 거실에서 누워 억지를 부려 잠도 거실에서 자다 새벽에 방으로 들어감.

29. 2/12. 귀가 후 손 씻기, 양치질, 식사 등을 거부하는 일이 잦아짐. 한편 "싫어!"라는 말을 자주 함.

30. 자기에게 기분 나쁜 말이나 행동을 보인 요양사나 옆의 사람에게 "C8년!, 지랄하고 있어!, 나쁜 년!"이란 말을 계속함.

31. 노래를 하다가도 팩! 하고 방으로 들어가 멍하니 앉아 있는 등 감정 기복이 심함.

32. 2/17. 귀가 차량에서 하차 거부.

33. 2/24~25. 코를 심하게 골고 기침을 함.

34. 2/26. 귀가 차량에서 하차하려 들지 않고 화를 냄. 15분 후에 감정이 회복됨.

35. 2/28. 기침과 가래, 감기 기운이 있어 약을 복용하기 시작함.

36. 3/2. 약국에서 사온 약이 듣지 않아 병원에서 처방을 받아 조제해온 약을 복용. 차에서 내리려 하지 않고 약 복용을 거부함.

37. 3/6. 거실 벽에 벽화를 그려놓고 "이게 뭐야?"라고 함.

38. 3/8. 감기 때문에 힘들었는지 이불과 요에 저지레를 해 놓음.

39. 3/10. 아침부터 뭐 때문에 화가 났는지 내게 마구 욕을 해 쌓고 때리려 들 뿐만 아니라 차를 타려 하지 않고 기사에게 마구 욕을 함.

40. 3/21~26. 한주일 동안 바람 불고 꽃이 피니 아내도

기분이 좋은지 돌아오면 목을 끌어안고 볼을 비벼 대며 키스를 퍼붓곤 함.

41. 3/27. 일요일이라 더욱 신경을 쓰고 있는데 갑자기 순간적으로 벽화를 그려 놓고 일을 벌임.

42. 4/1~5. 아내에게도 봄이 온 듯 기분이 좋아 웃으며 며칠을 잘 지냄.

43. 4/7. 대소변을 가리지 않아 새벽부터 세 차례 기저귀를 갈아주고 저질러 놓은 뒤처리를 함.

44. 4/10.(일). 물건(방석, 쿠션, 등)을 수시로 던지고 대변을 수차례 이곳저곳에 발라놓고 던지는 일이 몇 차례 있었음.

45. 4/9~11. 아침과 저녁에 복용하는 약을 삼키지 못하고 뱉어냄.

46. 4/20~ . 저녁에 오줌을 가리지 못함.

47. 4/30. 아침 7시 30분에 도우미와 집을 나간 후 서로 헤어져 연락이 되지 않음. 경찰에 신고하고 동네와 강북구 곳곳을 찾아다녔으나 찾지 못하고 오후 3시에 우이동 버스종점에서 경찰이 발견해 데리고 왔음.

48. 기분이 자주 변함. 기저귀와 옷을 갈아입지 않으려고 함. 소리를 지르고 윽박지르고 나서 한참 후에야 말을 들음.

49. 5/8. ㅅㅇ케어센터에서 자리다툼으로 한 노인을 밀쳐 쓰러트림.

50. 5/12. 케어센터에서 함께 생활하는 노인(여)을 넘어뜨려 다치게 함. 응급실에 실려가 촬영해 보니 고관절이 나가 16일 수술을 받기로 함.

51. 이로 인해 5/13일부터는 센터에 나가지 않고 집에서 당분간 근신하기로 함. 대소변을 제때 가리지 않아 기저귀를 자주 갈게 됨.

52. 5/23. 집 근처에 있는 ㅇㅇ데이케어센터로 옮김. 화장실에서 신발을 벗지 않은 채 거실로 몇 차례 나옴.
처음 가서 힘들었는지 케어센터에서 돌아와 "싫어, 싫어!" 하며 부정하는 듯한 표정으로 내게 매달리며 뭔지 알 수 없는 신호를 보냄.

53. 5/27. 귀가 차량에서 내리지 않으려고 함. 억지로 끌어내리자 욕을 하고 반항을 하며 집으로 들어오지 않으려고 함.

54. 5/29. 식사 시간이 길어짐. 평소에는 30분이면 충분했는데 1시간이나 걸림.

55. 5/31. 열이 남. 특히 손이 뜨겁고 식사를 잘 하지 못함.

56. 6/1. 음식을 삼키지 않고 물고 있다 뱉어 놓음. 저녁에 약을 먹지 않음.

57. 6/3~4. 아침에 밥과 약도 먹지 않고 센터에 가서 들어가지 않으려고 바닥에 드러누워 버팀. 다음날도 계속 식사를 하지 않고 약도 거부함. 센터로 가는 도중에 여러 차례 주저앉음. 저녁 식사만 조금 하고 약은 여전히 거부함. 6/5.부터는 차량으로 이동함.

58. 6/10. 아침에 죽과 과일을 약간 먹었지만 약은 복용하려 들지 않음.

59. 6/17. 밥을 약간씩 먹기 시작하고 기분도 좀 나아짐. 계속 약을 먹지 않고 밤새 소변을 보지 않아 옷과 요를 젖게 함.

60. 7/5. 밥을 먹으려 들지 않아 미숫가루로 연명하기 시작함. 약은 아침에는 먹는 편이나 저녁에는 계속 거부함.

61. 7/11. 센터에서 돌아와 하차하려 들지 않음. 식사는 계속 미숫가루로 이어가고 있음.

62. 7/17. 아침저녁으로 약은 복용하고 있음. 손톱과 발톱을 잘라 주려 해도 막무가내로 싫어해 잘라 주지 못하고 있음. 식사는 약간씩 억지로 먹고 있음.

63. 8/10. 양치를 하려 들지 않고 손톱과 발톱을 깎아 주려 해도 막무가내로 싫어함.

64. 9/10. 케어센터에서 사람들을 밀치고 때리는 일이 종종 있다고 함. 귀가 차량에서 내리지 않으려고 하는 일이

종종 있음. 집에서도 기분이 좋지 않으면 밀치고 때리는 때가 있음.

65. 9/13. 기분이 좋으면 끌어안고 뽀뽀도 하고 웃으면서 잘 지냄. 식사도 정상적으로 하고 있음.

66. 9/22. 귀가 차량에서 내리지 않으려고 화를 내다 억지로 끌려서 내림.

67. 9/23. 오늘도 차에서 내리지 않으려고 해 끌어내리려 하자 막 울음을 터뜨리며 하차한 후 집에 들어와서도 한참을 울다 그침. 화장실에서 슬리퍼를 신은 채 거실로 나오곤 함.

68. 8월말부터 배회하는 일이 잦아지고 언행이 거칠고 과격해지고 센터 내에서 소란을 피우는 일이 종종 있다고 함.

69. 감정의 기복이 심함. 아침에 얼굴 씻기, 안경 닦아 주기, 머리 빗기 등을 해 주려면 홱 뿌리치기 때문에 몇 차례 어르고 달래야 함.

70. 10/10.~14. 며칠째 약을 복용하지 않음. 약을 주면 던져버리든가 입에 물었다 뱉어버림. 저녁에 밖으로 나가자고 졸라댐.

71. 10/17. 귀가 차량에서 내리지 않으려고 해서 억지로 끌어내리자 마구 밀치고 때리며 큰 소리로 욕을 하며 반항함. "왜, 왜, 왜 그래! 00년, 지랄하고 있네!" 하며 억지

를 부림.

72. 10월 케어센터 생활 통신문 : 오전에는 활발하게 다니며 활동량이 많음. 음악시간에는 박수를 치거나 고개를 좌우로 흔들며 박자를 잘 맞춤. 가끔씩 다른 어르신들과 다투는 경우가 있음. 기저귀를 갈아드릴 때 컨디션에 따라 순응하기도 하지만 선생님을 때리는 일도 있음.

* 혈당 : 119, 혈압 : 108/66, 체온: 36.6, 맥박 : 71.

73. 10/26. 귀가 차량에서 하차를 거부함. 며칠 동안 약을 잘 복용했으나 오늘 저녁엔 약을 먹지 않겠다고 고집을 부림.

74. 11월 가정통신문 내용: 센터에서 음악이 나오면 박수 치며 고개를 좌우로 흔들고 아는 노래가 나오면 따라 부르곤 함. 손잡고 다니는 것을 좋아해서 거동이 불편한 분들을 잡고 다닐 때는 위험해 보임. 식사는 잘 하고 있으며 대변을 수시로 봄. 가끔은 차분히 앉아서 빠른 속도로 그림을 색칠하고 완성시킴.

75. 11/13(일). 새벽 4시부터 화장실을 드나들다 아침에 기저귀에 변을 봄. 저녁때도 화장실에 계속 드나들다 기저귀에 변을 보고 뒤처리를 해주려 하면 밀치면서 거부하다 한참 후에야 응함. 약 복용은 잘 따름.

76. 12/3. 그간 별일 없이 지내왔으나 오늘 아침엔 과일

도, 미숫가루도 다 싫다고 거부함. 얼굴 씻는 일도 싫다하고 안경을 닦아 주려고 해도 모두 거부함.

77. 12/7~8. 귀가 차량에서 하차를 거부함. 식사는 정상적으로 회복됨.

78. 12/20. 옷을 입은 상태에서 변을 보는 일이 종종 있음.

79. 12/22. 데이케어센터 12월 가정통신문 : 다른 어르신들과 손을 잘 잡고 같이 돌아다니는 것을 좋아하고, 거동이 불편한 어르신들을 밀어서 위험한 상황이 몇 차례 있었음. 요즘은 거친 행동이 많이 줄었음.

* 혈당 : 107, 체중 : 66kg, 혈압 : 116/69, 체온 : 36.3, 맥박 : 70

80. 12/25. 기저귀를 갈아주려는데 밀쳐 넘어뜨림. 대추씨를 뱉지 않고 오독오독 씹어 먹으려고 함. 화장지를 입에 넣고 막무가내 씹다 뱉어냄.

* **2017. 01. 10.~11. 11.**

81. 1/10~15. 식사, 약 복용, 모두 양호함. 이 기간 동안 몇 차례 변을 화장실에서 제대로 보지 않고 기저귀를 찬 채로 실례를 함.

82. 저녁 6시에 귀가하면 취침 전 9시까지 수 차례 화장실에 가곤 함. 새벽 3시부터 6시까지 역시 수 차례 화장실에 가지만 소변을 보는 것은 처음뿐이고 그 후 갈 때마다

그냥 변기에 앉아 있다 나오곤 함.

83. 1/22.(일). 집에 있는 게 지루한지 변을 가리지 않고 실례를 한 후 방안과 거실에 묻혀 놓고 옷과 이불에 발라 놓음. 식사는 잘하고 있음.

84. 1/23. 케어센터의 1월 가정통신문 : 수업 시간에는 대체로 얌전히 앉아 있으나 그 외 시간에는 많이 돌아다님. 가끔 수업 도구, 간식 접시, 등을 옷 속에 넣기도 하고 달라고 하면 화를 내고 때리기도 함. 음악시간에는 '찔레꽃' 등 몇 가지 노래를 매우 잘 부르며 손뼉도 치고 박자에 맞춰 고개를 흔들곤 함.

85. 1/26. 배회가 심하고 문을 열려고 하는 일이 잦다는 케어센터의 전언.

86. 2/2. 요즘 들어 인지 기능이 전보다 많이 저하된 듯함. 멍하니 쳐다보고 응대를 하지 못함.

87. 2/6. 집에서 옷, 기저귀, 등을 갈아입힐 때 반항을 하며 밀치고 때리고 함. 센터에서도 나이 든 분들(80세부터 90세 이상)을 밀치는 일이 있음.

88. ㅇㅇ데이케어센터 1월 기록지에서 발췌 : 1/10. 수업 도구를 옷 속에 감춤. 1/16. 다른 사람 자리에 앉아 싸움. 1/21. 화장지를 많이 풀어 놓음. 1/23. 심하게 돌아다님. 노래하다 마이크를 던짐. 1/26. 다른 어른을 밀침(2회).

1/30. 화장지를 많이 풀어 놓음. 남자 어른들과 스킨십을 많이 함. 1/31. 직원의 얼굴을 주먹으로 때림.

89. 데이케어센터 기록 : 2/1. 대변을 기저귀에 보고 손으로 만져 센터 바닥에 던짐. 2/3. 색연필을 옷 속에 넣고, 바지를 내리지 못하고 기저귀에 소변을 봄. 2/4. 화장실 휴지를 2회 풀어 놓음. 2/6. 많이 예민하고 욕하고 때림. 남자들과 스킨십을 수시로 함. 2/8. 바둑알을 입에 넣음. 밀치는 일이 있음. 2/9.바둑알을 먹음. 바지를 내리지 않고 변기에 앉아 있음. 2/10. 화장실을 자주 다님. 다른 분에게 혼남. 2/11. 외투를 벗는 이를 밀어서 뒤로 넘어뜨림. 남자들과 스킨십.

90. 2/11. 케어센터에서 두 명을 밀쳐 넘어뜨리고 나서 ㅇㅇ케어센터로부터 퇴소당함. 약을 복용하는 것도 싫어하고 싫으면 욕을 잘함.

91. 2/15. 집안에만 있으니 답답해서 그런지 변을 몇 차례 보고 나서도 기저귀에 그냥 실례를 하고 안 보는 사이에 책상에 발라 놓음.

92. 2/22. 오늘부터 24시간 요양사의 도움을 받기 시작함. 식사를 억지로 조금씩 하고 있음. 약을 삼키지 않고 뱉어내는 일이 잦음. 약을 가는 용기를 구해서 알약을 갈아서 복용시킴.

93. 2/27.~3/5. 밤에 잠을 제대로 못 잠. 새벽 1시부터 계속 화장실에 감. 볼일을 보지 않고 그냥 앉아 있어 나오라고 해도 말을 듣지 않음. 밥맛이 없는지 식사를 하려고 하지 않음.

94. 3월 9일부터 가스모틴정 5mg, 마그밀정, 에취투정 200mg을 1일 3회씩 5일간 복용하고 대원초산메게스트롤 현탁액을 1일 1회씩 5일간 복용함.

95. 요즘 들어 도통 움직이려 들지 않음. 양치질도 하려 들지 않고 누워서 일어나려고도 하지 않음. 밥도 잘 먹지 않아 억지로 먹게 하고 있음.

96. 3/19. 식사를 제대로 하지 않아 기운이 없는지 밖에 나가도 몇 걸음 걷고 나서 섰다 주저앉아 외출을 하지 못함. 약은 갈아서 복용하고 있는데 잘 받아먹음.

97. 4/6. 3월 19일부터의 상태가 계속되고 있음.

98. 4/15. 식사를 하려 들지 않고 입에 물고만 있음.

99. 5월부터는 식사를 제대로 하고 있음. 때로 잠을 잘 자지 못해 수면유도제가 필요하고 변비가 생길 때가 있어 배변을 잘 할 수 있는 약이 필요함.

100. 5/20. 얼굴과 손등이 붓는 게 며칠 계속되어 약 복용을 중지하고 결과를 살펴봄.

101. 5월 25일부터 몸을 옮기기 힘들어 전동침대를 사용

하기 시작함.

102. 6/10. 오른손이 마비가 오는지 엄지를 손바닥 쪽을 붙이고 만지지 못하게 해 자주 주물러 주고 마사지를 해 주고 있음.

103. 6/30. 더위 탓인지 밥을 먹으려 들지 않음.

104. 7월 한달 내내 미숫가루만 조금씩 먹음.

105. 그간 화장실에는 부축해서 다니다 지금은 침대에서 모든 것을 해결하고 있음. 양 손이 뜨겁고 오른쪽 무릎을 똑바로 펴지 못함. 팔을 부들부들 떨곤 함.

106. 8월 3일부터 미숫가루를 받아먹는 것도 힘들어함. 입을 벌리려 들지도 않고 떠 넣어 줘도 잘 삼키지 못함.

107. 8/6. 구급차로 한일병원 응급실에 실려가 각종 검사를 받고 중환자실에 입원, 일반병실로 옮김. MRI, CT, X-ray, 심전도 검사, 혈액검사와 소변검사를 받음. 튜브로 음식물과 약을 주입하기 시작함. 검사 결과 폐렴 증상과 요로 감염이 약간 있는 것으로 나옴. 투약과 주사로 치료함.

108. 8/14. 퇴원하여 집으로 옮겨 가료 중. 본인이 튜브를 뽑아내 숟가락으로 균형 영양식인 '뉴케어'를 떠먹이고 있음.

109. 8/22. 한일병원에서 재검을 받음. 아무 이상이 없이

깨끗해졌다는 감염내과 담당의사의 소견. 전에 복용하던 약을 계속 복용하는 게 좋겠다고 함. 거동을 일절 할 수 없어 식사와 약 복용, 목욕 등 모든 일은 침대에서 이루어지고 있음.

110. 11/11. 현재 집에서 아침저녁으로 약을 복용하며 가료 중.

| 발문 |

촉도난 蜀道難

임채우 (시인 · 문학평론가)

 치매행이 세 권에 이르도록 아직 끝이 보이질 않습니다. 세간에 이르기를 참으로 지독한 사랑이라고 말합니다. 여느 시인이라면 잘해야 시집 한 권으로 떨어질 고뿔 같은 것을 장장 세 권에 걸쳐 아직도 껴안고 있으니, 우리 문단에 간병 문학이라는 새로운 장르를 열었음은 물론이요, 한 인간으로서 인정에 곡진함이 세상에 물결칩니다.
 당신께서 말씀하길, 병든 아내를 팔아먹고 있는 시인이라고 자조하곤 하셨습니다. 어떤 이는 자신이라면 그런 시를 쓰지 않겠노라고 부정적인 언사를 생각 없이 입에 올렸습니다. 또 어떤 이는 시인께 이런 절창을 안겨주려고 아내가 병이 든 모양이라고 탄식과 아울러 그의 시를 상찬했습니다. 그런가 하면 경향 각지 치매 환자를 돌보는 그 가족들이 서로 고통을 나누며 고맙다는 인사를 숱하게 전하는 것을 곁에서 지켜보았습니다. 인생의 쓴맛을 본 겸손한 자들은 당신의 언어에 연민의 눈물을 뿌리는가 하면, 가리개를 씌운 경주마처럼 자기 앞만 보는 자들은 오불관언이라 하였습니다.

제가 시인님 곁에서 시인의 길을 걷게 된 것이 햇수로 8년, 그 기간이 사모님의 투병 기간과 우연히 일치하여, 발병에서 지금까지 가까이에 있었습니다. 워낙 당신께서는 자신의 신상에 관해서는 과묵하신 분이라 세세한 것까지는 몰라도 그 진행 과정은 알고 있습니다. 저는 시인님과의 인연으로 1시집 『치매행致梅行』(2015, 황금마루)의 끝에 「필화筆花 한 송이」라는 과분한 발문을 붙였습니다. 2시집 『매화에 이르는 길』(2017, 도서출판 움)이 발간되고 나서는 시집의 해설 「매화와 낙타의 이중주」를 《우리詩》(2017.7월호)에 발표했습니다.

시인님을 걱정하는 사람들은 당신께서 애써 침착함을 유지하나 내면의 노심초사와 전전긍긍을 지켜보며 발 벗고 나서서 거들 수도 없고, 매번 물을 수도 없고, 그렇다고 아무 일 없다는 듯이 지나칠 수도 없는 실로 난감한 시간을 보내고 있습니다. 아직도 시인님과 사모님의 고난은 현재진행형입니다. 우선은 이번 세 번째 시집이 발간되어 시인께서 붓을 들고 있는 한 절망적은 아니라는 단순한 생각에 와락 고마움을 껴안았습니다.

이 글은 감히 시집의 발문이라기보다는 당신께서 그동안 잘 견뎌주셔서 고맙고, 앞으로도 더 큰 어려움이

닥치더라도 좌절하지 말고 잘 이겨내시라고, 김종삼 시인의 「墨畵」에서처럼 발잔등이 부은, 물 먹는 소의 목덜미에 손을 얹은 행위였으면 좋겠습니다.

치매행은 간병看病 기록이다

치매행은 치매에 걸린 한 지어미에 대한 지아비의 간병 기록입니다. 간병을 흔히 '병수발' 또는 '병시중'이라고 합니다. 중증 환자나 나이가 들어 거동이 불편한 환자의 손발이 되어주는 것인데, 전문 요양사가 있지만, 대부분 가족이 돌봅니다.

시인을 걱정하는 주변 사람들은 노인이 집에서 환자를 돌보는 것이 너무 힘드니 시설 좋은 가까운 요양원에 모시자고 얼마나 권했는지 모릅니다. 그러나 당신께서는 한사코 거부했습니다. 자식들이 나서서 어머니를 요양원에 모시자고 간곡하게 말씀드렸지만, 당신께서는 그 제안도 끝내 거절하셨습니다. 시인의 의식 속에는 요양 시설에 대한 부정적 인식이 자리잡고 있는 듯합니다. 그러나 어찌 그뿐이겠습니까. 당신의 내면에는 아내의 발병에 대한 자신의 책임이랄까, 그런 것이 있는 듯합니다.

시 「내 탓」(305, 앞으로 시집 인용 출처는 부제에 붙은 일련번호만 사용한다.)을 보면 "아내가 와불이 되다니/아 내 탓이로다, 내 탓!"이라고 절규하고 있습니다. 아내의 발병이 자기가 밤낮없이 술 먹고 다니고, 주말이면 난蘭 캐러 다니고, 시도 때도 없이 시 쓴다고 혼자 놀아서 집안의 태양이 빛을 잃었다는 것입니다. 이런 부채의식은 급기야 "안다미씌워서야 쓰겠는가/ 내가 지고 갈, 내 안고 갈 사람"(262)이라고 결론을 내립니다. 여기서 '안다미씌우다'는 '자기 책임을 남에게 지우다'라는 말입니다.

당신은 그런 사람입니다. "사람은 몸에 옷을 맞추지만/ 때로는 몸을 옷에 맞추라 한다.// 짧은 다리는/ 긴 다리보고 맞추라 하고,// 긴 다리는/ 짧은 다리한테 맞추라 한다."(232)면서, 와불처럼 누워 있는 사모님에게 우리답게 사는 것이 무어냐고 묻습니다. 사모님은 묵묵부답입니다. 사람마다 살아가는 환경과 여건이 제각각인데 보편적인 척도로 개별적인 것을 일률적으로 재단한다는 것은 모순이라는 것입니다. 마치 침대 길이에 맞춰 다리를 잘랐다는 프로크루스테스의 침대와 진배없는 것이지요. 시인께서는 마지막까지 아내의 품위를 지켜주기 위하여, 한 지어미에 대한 지아비의 지극한 사랑으로 오늘도 병상을 지키고 있습니다.

치매행은 간병 일지입니다. 시인께서는 무려 8년 동안이나 치매에 걸린 아내 곁에서 그 진행 상황을 사실적으로 기록하였습니다. 치매행 연작 330편에서 시인의 시적 언사를 거둬버리면 고스란히 사모님의 상태에 대한 객관적인 기록만 남습니다.

시 「일지」(299)를 보면, 사모님의 발병부터 최근까지 시간의 흐름에 따라 그간의 경과를 진술하고 있습니다. 시작은 발병 전 '평화'라는 말에서 출발합니다(1~4행). 최초의 증세를 느낀 것은 언어장애가 나타나고부터입니다(5~7행). 인근 큰 병원으로 달려가 진찰을 받고 드디어 발병을 확인합니다(8~11행). 알츠하이머 전두엽 기능 장애로 이상행동이 돌출되는 시기가 뒤따릅니다(13~25행). 집에서 관리하기가 어려워 주간 요양 센터에 보냅니다(26~36행). 이 시기에 새 정권이 들어서고 치매 국가책임제라는 정책이 발표됩니다(37~41행). 사모님을 더 이상 요양 센터에서 받아주지 않아 집에서 24시간 간병인을 써가며 돌보고 있습니다(45행). 시는 결코 모호하거나 어렵지 않습니다. 치매행 연작은 한결같은 어조로 평이합니다. 치매가 이 시대의 공동문제라면 누구나 쉽게 읽을 수 있어야 한다는 게 당신의 생각입니다. 시적 기교로 자기 생각과 정서를 표현한다는 것은 오히려 사치스러운 일입니다. 물에 빠진 사람의 다급한 절규가 어떻게 시적 표현일 수 있겠습니까?

  이 사실적인 시 뒤에 당신께서는 의도적으로 2015. 8.14.~2017.11.11.까지의 짤막짤막한 긴 관찰 일지를 달아놓았습니다. 이것은 시인께서 정기적으로 대학병원에서 처방전을 받아 약을 짓는데, 환자가 거동할 수 없어 시인께서 담당의에게 보이는 자료입니다. 왜 시인께서는 생략하여도 될 긴 부록을 299 뒤에다 달아놓았을

까요. 간병이 이렇게 힘들고 고생스럽다는 것을 말하고 싶어서일까요. 저는 그렇지 않다고 생각합니다. 이것을 시의 끝에 붙여 그 실상을 노출한 것은 시인이 겪고 있는 특별한 상황을 객관화시켜 8년간 부부가 겪었고, 지금도 진행 중인 고난의 실체를 폭로하고자 함이 아닌가요. 부부가 싸우고 있는 상대의 유치찬란한 실상을 백일하에 드러냄으로써 인간이 얼마나 낮아질 수밖에 없는 존재인가, 우리가 경하에 마지않는 삶이란 것의 바닥은 어떤 모습인가를 여과 없이 드러내려는 의도로 보입니다. 이 역시 당신이 아니고서는 불가능한 일입니다.

치매행은 간병인看病人에 관한 기록이다

치매행은 화자가 치매 환자를 돌보며, 환자의 상태에 따라 일희일비하며, 그리고 소망까지 피력하고 있는 시집입니다. 화자와 환자와의 소통 부재는 병세의 악화와 정비례합니다. 시의 화자는 누구인가요. 환자를 돌보는 간병인이자 시인 자신입니다. 시인이란 언어로 표현해야 하는 천형天刑을 타고난 사람인데 이 소통 부재의 무력감은 시종여일 당신을 절망케 합니다.

치매행은 화자의 독백으로 이루어진 시집입니다. 거대한 모노드라마의 대사가 메아리도 없이 절벽에 부딪혀 낙엽처럼 쌓여만 갑니다. 무대 위에 등장인물은 두 사람인데 한 사람은 입을 다문 역을 맡아 자기 역할에

충실하고, 한 사람은 상대방 주위를 맴돌며 꽃을 보고, 새를 보고, 꿈을 이야기하고, 우리가 맞이할 봄날을 이야기하면서 끝임없이 혼자서 말합니다. 무대 위의 두 사람 다 자기 역할에 기진맥진하고 있습니다.

저는 이런 당신의 모습을 1시집 발문에서 헤밍웨이의 『노인과 바다』에 나오는 산티아고 노인과 같다고 표현했습니다. 그는 84일간 줄기차게 바다로 나가나 빈 배 저어 돌아오는 재수 없고 불우한 노인입니다. 그 노인이 85일째 다시 바다에 나가 이번에는 천신만고 끝에 큰 물고기를 잡게 됩니다. 그러나 집으로 돌아오는 길에 상어를 만나 사투 끝에 부두에 도착했을 때에는 앙상히 뼈만 남은 물고기를 달고 있었습니다. 저는 노인의 사투를 거대한 절망에 저항하는, 도도한 허무주의에 대항하는 모습이라고 하였습니다. "사람은 박살이 나서 죽을 수 있을지언정 패배는 당하지 않아"라는 당찬 사자후가 바로 당신의 목소리라고 하였습니다.

그런가 하면 2시집 해설에서는, 시 「낙타행」(152)의 한 구절을 인용하여 당신을 '낙타'로 비유했습니다. 낙타는 오로지 의무에만 매달려 있는, 짐을 잔뜩 실은 노예 상태의 인간을 지칭하는 말이라고 니체가 말하였습니다. 사랑하는 아내를 돌봐야 하는 당신의 처지를 빗댄 말이지만, 이 말은 매화로 비유되는 아내의 세계와 화자의 세계가 구분되어 있음을, 자기 역시 매화의 세계를 희구하나 낙타의 삶에서 벗어나지 못하고 있노라고 쓴

적이 있습니다.

또한 매화인 아내와 낙타인 화자와의 관계를 지구와 달로 비유하였습니다. 지구와 달은 서로 끌어당기는 힘으로 달이 지구 둘레를 끊임없이 돕니다. 치매에 걸린 아내가 지구이고 화자가 그 주변을 맴도는 달인 셈입니다. 지구와 달이 가까워질 듯 멀어집니다. 이 둘의 거리가 가까워지면 화자는 행복감에 휩싸이고, 멀어지면 나락에 떨어집니다. 달과 지구의 운동이 무한 반복되듯이 화자 또한 희망과 절망이 반복됩니다. 치매행에서 똑같은 이야기가 변주되면서 반복되는 것은 지구를 돌고 있는 달처럼 일상이 반복되기 때문입니다.

치매행은 시시포스 신화의 재현입니다. 그리스 신화에 의하면 시시포스는 코린토스의 왕이었는데, 신들을 기만한 죄로 영원한 형벌을 받게 됩니다. 그가 받은 형벌은 올림포스 산정 위로 커다란 바위를 밀어 올려 거의 산꼭대기에 다다르면 아래로 굴러 떨어지고, 다시 올리면 굴러 떨어지는, 영원히 의미 없는 노동입니다.

산티아고의 노인이자 낙타며, 달이자 간병인이며, 화자이자 시시포스인 그대여!

그대는 무엇 때문에 그리 절망합니까?

그대가 바라는 것이 무엇인가요?

그대가 가고 싶은 세계는 어디입니까?

당신께서 염원하여 마지않은 세계는 인간계를 뛰어넘는 구경究竟이나, 누구도 발을 딛지 못한 이상향이나,

지극히 관념적인 형이상학의 범주가 아닙니다. 병들어 아파하는 지어미를 오로지 지극정성으로 간호하는 지아비의 마음에 간절히 구하는 바가 무엇이겠습니까? 병든 아내가 낫기를 바라는 마음뿐이라는 것이 너무도 당연하지 않습니까? 아내가 예전처럼 병에서 자유 몸이 되어 두 분께서 꽃 피는 봄날이며 새 우는 소리, 푸른 신록이며 짙푸른 녹음, 떨어지는 낙엽이며 분분히 날리는 눈을 바라보고 싶다는 것이 그리 큰 소망인가요? 자식들과 손자 손녀를 무릎에 앉히고 오순도순 정담 나누며, 아내의 사랑스러운 눈매를 그윽이 바라보고 싶다는 것이 그리도 큰 욕심인가요? 당신께서는 소소한 일상의 회복을 꿈꾸고 있습니다.

그러나 현실은 복낙원을 허용하지 않습니다. 실낙원과 복낙원 사이를 우왕좌왕하는 것은 어디까지나 당신만의 일이고, 사모님은 전혀 반응이 없는, 아무런 생각도 표현도 없는 와불이라는 것입니다. 이 세상 모든 것의 한복판에 핵처럼 존재하고 있는 아내의 병세는 날로 심각하여 가고, 그럴수록 시인은 성마르고, 감정의 굴곡이 심해지고, 절망과 좌절 속에 어쩔 줄을 모릅니다.

절망에서 터지는 절규가 시집을 가득 채우고 있습니다. 치매행 2시집에서 가끔 보이던 희망이 3시집에 이르면 거의 자취를 감춥니다. 고작해야 과거 사실에 대한 가정이 미온적으로 나타날 뿐 어디로 가는지, 어떻게 할지도 모르는 폐선이 다 된 목선 한 척(250), 그나마 희망을 뜻하는 뱃고동에 귀먹고 등댓불에 눈멀어 그야말로 캄캄한 그믐밤을 헤매고 있다(252)는 것이 화자이자 간병인이자 시인의 현주소입니다.

촉도난蜀道難

인간을 부조리한 존재라고 설파한, 프랑스의 작가이자 철학가인 카뮈는 시시포스를 모티프로 그의 철학을 개진하였습니다. 그는 아이러니하게도 시시포스를 인생을 충만하게 사는 부조리의 영웅으로 간주했습니다. 죽음을 증오하고 의미 없는 일을 반복하도록 선고받은 시시포스가 행복한 존재라는 것입니다. 왜냐하면 그는 비극적인 순간에도 자신의 비극적 존재를 제대로 인식하고 있기 때문이라는 것입니다.

불가에서 말하기를 색즉시공色卽是空이라 합니다. 색즉시공이란 현실 세계의 생멸 변화하는 물질 현상의 실상은 실체가 없다는 말입니다. 즉 우리가 울고불고 하는 이 현실계의 모든 것이 실은 없다는 것이지요. 당신께서 그토록 마음 쓰고 있는 것이, 매일 매일의 일상이, 와불이 되어 누워 있는 아내가, 새가, 꽃이, 낙엽이, 분분히 날리는 눈들이 실상은 가상의 세계에 불과할 뿐 실체가 아니라는 것입니다. 그렇다면 시시포스의 도로徒勞는 무슨 의미가 있으며, 세상은 과연 살 만한 가치가 있습니까?

그럼에도 불구하고 카뮈는 이 부조리한 실상을 제대로 인식하는, 내일 또다시 커다란 바위를 산정에 올려야 하는 시시포스를 행복한 존재라고 말하였습니다. 85일째 바다에 나가 마침내 큰 물고기를 낚았으나 상어에게 물어뜯긴 불우한 노인 산티아고는 88일째에도 역시 바다로 나갈 것입니다(커다란 물고기와의 사투와 상어 떼로부터 고기를 지키기 위해 2박 3일이 걸렸다). 불가의 '색즉시공色卽是空' 또한 '공즉시색空卽是色'이란 말과 짝을 이뤄야 비로소 완전해집니다. 공즉시색은 아무것도 없는 폐허 속에서 하잘 것 없이 보이던 일상이 오롯이 돋아나고 있지 않습니까?

끼어들 계제가 아니지만, 잠시 제 이야기를 하는 것을 용서해 주시기 바랍니다.

저는 젊은 시절 당나라 시선 이백의 「촉도난蜀道難」을 읽은 적이 있습니다. "어허라/ 힘하고도 높구나/ 촉도의 험난함이여/ 하늘 오르는 것보다 어려워라"(噫吁戲 危乎高哉 蜀道之難 難于上靑天). 이백이 장안에서 촉蜀, 지금의 사천四天 지역으로 갈 때 지나는, 잔도棧道로 이어진 험난한 길을 읊은 한시입니다. 당시 저는 이 시를 읽으며 촉도의 험난함에 모골이 송연해졌습니다. 앞으로 내가 겪을 인생이 이런 험로구나 하고 생각하며, 미래에 대한 막연한 불안감에 휩싸인 적이 있었습니다.

인생의 중반을 넘어, 그간의 여정도 촉도와 같은 험로

였는데, 아내가 덜컥 불치의 병에 걸렸습니다. 매뉴얼대로 수술하고 이후 노심초사하며 관리하기 십 년, 그리고 재발하였습니다. 다시 병상을 지키기 4년, 그 어느 날이었습니다. 그날은 토요일 오후였는데, 큰 병원에서 입원기일이 다 찼다고 그보다 작은 협력 병원으로 쫓겨났을 때였습니다. 병실에 날짜 지난 신문이 있어 잠시 들여다보는데 문화면의 한 기사가 눈에 들어왔습니다. 서울 성북동에 있는 간송미술관에서 조선 시대 회화전을 연다는데, 국가지정문화재 보물인 현재玄齋 심사정沈師正의 〈촉잔도蜀棧圖〉가 전시된다는 기사였습니다. 그날 오후 몸과 마음이 피폐할 대로 피폐한 제가 누군가에게 병실을 맡기고 물어물어 미술관을 찾아갔습니다.

심사정의 촉잔도는 종이에 그려진 담채화로 8m가 넘는 두루마리 그림이었습니다. 비록 채색은 약간 바랬지만, 보관 상태가 좋은지 험난한 산세며 거센 물줄기, 툭툭 불거진 기암절벽들이 파노라마처럼 눈앞에 펼쳐졌습니다. 위로는 해를 끄는 여섯 마리 용도 돌아가야 하는 높은 표적 같은 봉우리가 있고, 아래는 거센 물결 꺾어도는 계류였습니다. 누른 학들조차 날아 지나지 못하고, 날쌔다는 원숭이도 오르자니 걱정입니다. 벼랑 위엔 거꾸러질 듯 마른 소나무 걸려 있고, 빠른 여울 내지르는 폭포는 다투어 소리치고, 급류에 부딪혀 구르는 돌 일만 골 천둥입니다. 이백의 「촉도난蜀道難」이 고스란히 화폭에 담겨 있었습니다.

저는 그림 앞에서 발을 뗄 수가 없었습니다. 심호흡을 해도 두려움과 떨리는 마음이 진정되지 않았습니다. 그것은 내 인생 역정이었습니다. 저는 천 길 낭떠러지 절벽 위 실낱같은 잔도 위에 후들거리는 두 발로 숫제 서 있었습니다. 더구나 저는 홀몸이 아니었습니다. 병든 아내를 업고 어린 자식들 손목을 잡고 잔도 위에서 오도 가도 못 하고 있었습니다. 어렵사리 잔도 하나를 겨우 넘으면 또다시 더 높은 잔도가 아찔하게 허공에 매달려 있고 발아래 급류가 삼킬 듯이 우르릉대고 있었습니다. 산 넘어 산이요, 물 건너 물입니다. 한참을 얼이 빠져 그림을 들여다보고 있는데, 아, 그런데 뜻밖에도 그 안에는 어떤 온화하고 부드러운 빛이 서려 있었습니다. 비록 인생은 험난하고 촉도는 무진하나 저를 위로하고 감싸주는 듯한 따뜻함이 화폭에서 우러나왔습니다. 아니 이것은 저의 착각일 수도 있겠습니다. 당시 저는 인생의 험로에서 누군가로부터 진심으로 위로받고 싶었는지도 모릅니다. 저는 입술을 깨물고 밖으로 뛰쳐나와 미술관 사택으로 들어가는 휴게 자리 소나무 아래에서 얼마나 뜨거운 눈물을 흘렸는지 모릅니다.

이제 이 글을 맺고자 합니다. 치매행 연작 안에는 덧없는 일상을 뛰어넘어 영원의 세계를 매만지는 듯한 시편들이 있습니다. 저는 이것들이 가장 시인다운 시편이며, 치매행의 진수라고 생각합니다. 이 시편들은 고난 중에 반짝이는 별처럼 서정의 영원성을 드러내고 있습니다. 마치 번갯불이 번쩍할 때 눈에 비치는 현상계의 실상이며, 높이 나는 새가 한눈에 내려다보는 하감의 세계라고 생각합니다. 촉도를 건너는 법은 어렵습니다. 아슬아슬한 잔도를 밟고 계류를 건너 촉 땅으로 가야만 합니다. 이것은 초월이며 보다 더 큰 세계로의 비상입니다. 다시 말하자면 시인만이 촉도를 건너는 법을 알고 있습니다.

  강을 안고 날아가는 쇠기러기야

  오늘 밤은 내게 와서 고이 쉬거라

  하늘가에 흘러가는 날개의 물결

  기럭기럭 우는 소리 은하에 차다.

   - 「한천寒天 - 치매행致梅行·260」 전문.

洪海里 시인

* 충북 청주에서 출생(1942년)하여 고려대 영문과를 졸업(1964년)하고 1969년 시집 『투망도投網圖』를 내어 등단함.
* 사단법인 우리詩진흥회, 월간 《우리詩》의 대표로 활동하고 있음.

시집
『투망도投網圖』『화사기花史記』『무교동武橋洞』『우리들의 말』『바람 센 날의 기억을 위하여』『대추꽃 초록빛』『청별淸別』『은자의 북』『난초밭 일궈 놓고』『투명한 슬픔』『애란愛蘭』『봄, 벼락치다』『푸른 느낌표!』『황금감옥』『비밀』『독종毒種』『금강초롱』『치매행致梅行』『바람도 구멍이 있어야 운다』『매화에 이르는 길』과

3인 시집 (김석규·이영결·홍해리)
『산상영음山上詠吟』『바다에 뜨는 해』『원단기행元旦記行』이 있고,

시선집
『洪海里 詩選』『비타민 詩』『시인이여 詩人이여』가 있음.

Email : hongpoet@hanmail.net

ⓒ 홍해리, 2018, Printed in Seoul, Korea

초판 1쇄 인쇄 | 2018년 10월 20일
초판 1쇄 발행 | 2018년 10월 25일

지은이 | 洪海里
발행인 | 홍해리
편집인 | 임   보
편   집 | 방수영
펴낸곳 | 도서출판 움

등록번호 | 제2013-000006호.(2008년 5월 2일)
01003 서울시 강북구 삼양로 159길 64-9
전화 | 02) 997-4293
전자우편 | urisi4u@hanmail.net

ISBN : 978-89-94645-44-5 03810

＊잘못된 책은 바꾸어 드립니다.
＊지은이와 협의하여 인지를 생략합니다.
＊이 책의 판권은 지은이와 도서출판 움에 있습니다.

＊이 도서의 국립중앙도서관 출판예정도서목록(CIP)은 서지정보유통지원시스템 홈페이지(http://seoji.nl.go.kr)와 국가자료공동목록시스템(http://www.nl.go.kr/kolisnet)에서 이용하실 수 있습니다.
(CIP제어번호 : 2018032275)